Alternativen

Workbook-Laboratory Manual

Agnes Domandi Langdon
Colgate University

Holt, Rinehart and Winston, Inc.

Fort Worth   Chicago   San Francisco   Philadelphia
Montreal   Toronto   London   Sydney   Tokyo

ISBN 0-03-003734-4

Printed in the United States of America

9 0 1 2 3   0 9 5   9 8 7 6 5 4 3 2 1

Holt, Rinehart and Winston, Inc.
The Dryden Press
Saunders College Publishing

ANSWER KEY TO LABORATORY MANUAL

ALTERNATIVEN
WORKBOOK-LABORATORY MANUAL

P R E F A C E

ALTERNATIVEN is a set of three integrated books for the study of intermediate German: a REVIEW AND REFERENCE GRAMMAR, a READER of culture and literature texts, and a WORKBOOK-LABORATORY MANUAL. When used together, these four components make up a year's course (two semesters or four quarters with four class hours a week).

The ALTERNATIVEN principle means that instructors have many choices in how to use the books. Each component of the package may be used by itself. The GRAMMAR volume alone serves as a one-semester review course of German grammar, or as a reference work for students at any level. When it is used with the WORKBOOK-LABORATORY MANUAL, it offers extensive study of grammatical phenomena in the classroom and the language laboratory, plus vocabulary building, chapter by chapter. The GRAMMAR can also be teamed with the READER, the connection being provided by the Additional Exercise sections in the GRAMMAR which are coordinated with the READER vocabulary.

The READER volume alone serves as a third- or fourth-semester introduction to German literature and culture. Depending on their students' level of skills, instructors may choose to work with the edited culture texts or with the unabridged literature texts, which are longer and more difficult, or with a combination of the two. The READER could be used with the WORKBOOK-LABORATORY MANUAL if the students know their grammar but need exercises in certain areas (provided by the WORKBOOK), or speaking and comprehension practice in connection with their readings (provided by the LABORATORY MANUAL). When all three volumes are chosen, it is still possible to select only parts of the READER in conjunction with the other two, since individual sections in each volume are coordinated.

The integration of the three component volumes is achieved by way of vocabulary. The exercises in each GRAMMAR chapter feature the active vocabulary from the respective READER chapter. Not only do the WORKBOOK exercises utilize the active vocabulary from the coordinated READER chapter but, in fact, individual groups of exercises reflect much of the chapter texts' subject matter. The LABORATORY MANUAL lessons, finally, not only practice the active vocabulary from the respective READER chapter but feature dictations, dialogues, and comprehension exercises based directly on READER texts.

This WORKBOOK-LABORATORY MANUAL comes in two sections. They are offered as two distinct and separate components rather than joined in each chapter. This will allow instructors to make use of either the WORKBOOK or the LABORATORY MANUAL or both in their classes. The WORKBOOK has twelve chapters, each divided into two halves preceded by the active vocabulary from the coordinated group of READER texts. The exercises are arranged in groups according to GRAMMAR paragraphs, as indicated by the numbers preceding each group. Exercises are numbered through rather than within subsections. This allows instructors to assign homework by paragraph and sentence number (and, likewise, to omit whole sections or parts of sections by number). Each half of a WORKBOOK chapter offers essentially the same exercises but is coordinated to its respective group of texts from the READER by way of the active vocabulary. The parallel structuring enables the instructor to repeat work on certain grammar points, and not on others, or to omit grammar work entirely for certain texts. Beyond employing the active vocabulary, the exercises refer to the content of their respective chapter in the READER, not only in individual sentences but frequently in groups of sentences which can be read like short narratives.

The LABORATORY MANUAL also has twelve chapters. Each chapter practices, as much as possible, the active vocabulary from the coordinated READER chapter. Lessons begin with idiomatic expressions useful in general but chosen with respect to the chapter theme; then follow dialogues, dictations and comprehension exercises based on the chapter's subject matter, not always in the same order but increasing in difficulty by chapter. Each lesson comes in two parts, coordinated with the respective READER texts. Listening strategies are suggested for each section, and short quizzes follow each section.

The ALTERNATIVEN principle also permits different methods of language teaching. For example, an instructor who wishes to stress grammar review may start with the active vocabulary and assign either a whole grammar chapter, or a part of one, for review. Then the teacher practices the grammar points and simultaneously the new vocabulary by doing the Additional Exercises in class and by assigning WORKBOOK drills as homework. As they move to the READER, students should find the texts fairly easy to read because they have learned the active vocabulary and have worked with it. The laboratory work could be assigned in preparation for, or simultaneously with, classroom discussion of themes, and performance of activities.

Instructors who wish to further their students' communicative and reading skills may wish to start with the READER texts, the questions, themes and activities, including the laboratory lessons, and move to the grammar review afterwards. Students would be able to concentrate on grammatical phenomena, and do the Additional Exercises in the GRAMMAR and the drills in the WORKBOOK with some ease, because they are familiar with the vocabulary and the link with READER topics in the drills. Or an instructor may vary the approach chapter by chapter, emphasizing or deemphasizing individual sections in the GRAMMAR, the READER, or the WORKBOOK-LABORATORY MANUAL.

WORKBOOK

CHAPTER I: REISEN

ACTIVE VOCABULARY: A AND B TEXTS

Verbs

ab·geben (i), a, e	to turn in
benutzen	to use
beschreiben, ie, ie	to describe
besichtigen	to visit. to inspect
bestellen	to order
ein·steigen, ie, ie (+sein)	to get in, get on
empfehlen, (ie), a, o	to recommend
enden	to end
erleben	to experience
herum·fahren (ä), u, a (+sein)	to travel around
kennen·lernen	to meet
lehren	to teach
los·fahren (ä), u, a (+sein)	to drive off
übernachten	to spend the night
überqueren	to cross over
unterbrechen (i), a, o	to interrupt
verbringen, a, a	to spend time
vor·schlagen (ä), u, a	to suggest
weiter·fahren (ä), u, a (+sein)	to drive on
zurück·kommen, a, o (+sein)	to come back

Nouns

der Aufenthalt, -e	stay
die Auskunft, ⸚e	information
das Ausland (-s)	(land) abroad
der Bahnsteig, -e	platform
der Bauernhof, ⸚e	farm
die Burg, -en	castle, fortress
der Entschluß, ⸚sse	decision
die Entwicklung, ⸚en	development
die Fahrkarte, -n	ticket
der Führer, -	guide, leader
das Gepäck (-s)	luggage
die Grenze, -n	border, bound
die Gemütlichkeit	geniality, coziness

die Landkarte, -n	map
die Landschaft, -en	landscape, countryside
der Paß, ⸗sse	passport
das Schloß, ⸗sser	castle
die Seele, -n	soul
die Strecke, -n	route, section
das Tagebuch, ⸗er	diary
die Vergangenheit	past

Other Words

beliebt	popular
früher	former
irgendwohin	(to) anywhere
langsam	slow
verschieden	different
vollständig	complete
auf diese Weise	in this way
zum Beispiel = z.B.	for example = e.g.

1–4   Rewrite each sentence in the tense indicated.

1. Haben Sie von den Salzburger Festspielen gehört?   (past perfect)

_____

2. Wann lernen wir die Schweiz kennen?   (future)

_____

3. Zuerst besichtigen wir die Stadt.   (simple past)

_____

4. Wo übernachten Sie?   (present perfect)

_____

5. Ich werde Ihnen alles beschreiben.   (present)

_____

5–16   Identify the tense and replace the verb as suggested.

6. Wir haben die Fahrkarte *bekommen*.   (bestellen)

_____

7. Hast du das *gesagt?*   (erleben)

    _____

8. Der Abend *war* gemütlich.   (enden)

    _____

9. Wo *schlaft* ihr?   (übernachten)

    _____

10. *Empfiehlst* du ein Hotel?   (benutzen)

    _____

11. Er *wollte* kein Gepäck.   (haben)

    _____

12. Er *blieb* den Tag auf der Burg.   (verbringen)

    _____

13. Diese Landschaft hatten wir noch nicht *gesehen*.   (kennen)

    _____

14. Wer hat schon etwas über diesen Bauernhof *gehört*?   (wissen)

    _____

15. Wir *glaubten,* es liegt im Burgenland.   (denken)

    _____

16. Man hatte uns den Namen nicht *gesagt.*   (nennen)

    _____

Auf der Reise.

15–16   Rewrite each statement in the past tense.

Wir können hier keinen Aufenthalt machen.
Wir konnten hier keinen Aufenthalt machen.

17.   Ich darf die Grenze nicht überqueren.

_____

18.   Dann muß unser Führer den Weg auf der Landkarte suchen.

_____

19.   Er will immer von der Vergangenheit erzählen.

_____

20.   Auf diese Weise soll ich etwas über das Land lernen.

_____

21.   Kann du die verschiedenen Städte besichtigen?

_____

22.   Die Gemütlichkeit in den Gasthäusern mag ich sehr.

_____

Aufenthalt.

17–22   Complete each statement with the past tense or the past participle.

23.   Zuerst _____ ich den Bahnsteig nicht, und der Führer hat ihn auch nicht

_____.   (finden)

24.   Er _____ auf dem Bahnhof hin und her.   (gehen)

25.   Welchen Zug hat er denn dann _____?   (empfehlen)

26.   Nachdem er mit einigen Leuten _____ hatte, _____

er eine neue Strecke _____.   (sprechen/vorschlagen)

27.   Seid ihr dann sofort _____?   (weiterfahren)

6   *Copyright © 1990 Holt, Rinehart and Winston, Inc.*

28. Ja, wir sind auf den richtigen Bahnsteig _____ und in den Zug

    _____. (laufen/einsteigen)

Im Reisebüro.

23–29   Rewrite each statement, using the subject cued.

   Fahren *Sie* gern ins Ausland?   (du)
   Fährst du gern ins Ausland?

29. Suchen *Sie* Auskunft über verschiedene Reisen?   (du)

    _____

30. Ja, am liebsten besichtigen *wir* Schlösser.   (er)

    _____

31. Findet *ihr* den Entschluß, in die Schweiz zu fahren, gut?   (er)

    _____

32. *Solche Reisen* enden oft, bevor man denkt.   (ein Aufenthalt)

    _____

33. Reisen *Sie* gern ins Ausland?   (du)

    _____

34. Benutzen *Sie* manchmal den Interrailpaß?   (du)

    _____

35. Den Paß geben *Sie* dann an der Grenze ab.   (er)

    _____

36. Empfehlt *ihr* wirklich einen Aufenthalt im Burgenland?   (du)

    _____

37. Ja, und *wir* schlagen ein gemütliches Hotel vor.   (er)

    _____

38. Unterbrecht *ihr* die Reise oft?   (du)

_____

39. Sind *Sie* unser Führer?   (du)

_____

40. *Die Entwicklungen* werden immer interessanter.   (die Fahrt)

_____

41. *Viele Touristen* mögen unsere Gemütlichkeit.   (mancher Tourist)

_____

42. Dürfen *wir* diese Burg besichtigen?   (man)

_____

43. *Wir* wissen das nicht.   (ich)

_____

Wie die Eltern und Kinder reisen.

30–31   Fill in the past tense of the strong verbs.

> Sie _____ zu langsam.   (fahren)
> **Sie fuhren zu langsam.**

44. Früher _____ unsere Eltern oft.   (fliegen)

45. Später _____ sie lieber in den Zug.   (steigen)

46. Verschiedene Züge _____ in unserer Stadt.   (halten)

47. Mit denen _____ wir irgendwohin.   (fahren)

48. Aber unsere Kinder _____ lieber wandern.   (gehen)

49. Sie _____ viele Tage auf diese Weise.   (verbringen)

50. Die Kinder _____ alles im Tagebuch.   (beschreiben)

Eine Reise nach Österreich.

Restate each sentence in the past tense.

Wie heißt Österreichs Hauptstadt?
Wie hieß Österreichs Hauptstadt?

51. Wir haben noch keine festen Pläne.

    _____

52. Man schlägt uns Kärnten als Reiseziel vor.

    _____

53. Man sieht die Seele des Landes dort.

    _____

54. Für manche Österreicher bedeutet die Vergangenheit sehr viel.

    _____

55. Eine Route beginnt in Vorarlberg und endet im Burgenland.

    _____

56. Viele Touristen gehen immer wieder in die Berge zurück.

    _____

57. Dort laden verschiedene Skidörfer zum Aufenthalt ein.

    _____

58. Sie lernen dort eine sehr dramatische Landschaft kennen.

    _____

Peter hat seine Reisezeit nicht gut benutzt.

32–35 Insert perfect tense auxiliaries and participles.

Er ____ die Seele des Landes nicht _____. (kennenlernen)
Er hat die Seele des Landes nicht kennengelernt.

59. Ich glaube, diese Reise _____ ihn nichts _____. (lehren)

60. Peter _____ einfach _____. (losfahren)

61. Gestern _____ er _____. (zurückkommen)

62. Er _____ zu viele Orte _____. (besichtigen)

63. Und an jedem Ort _____ er zu viel _____, und viel zuviel

    Wein _____. (feiern/ trinken)

64. Oft _____ er ohne Gepäck _____. (einsteigen)

65. Er _____ wenig von der Landschaft _____. (sehen)

Complete each statement in the past perfect, using the given phrases.

> Er wollte ein Schloß zeigen, aber wir   (es/schon/sehen)
> **Er wollte ein Schloß zeigen, aber wir hatten es schon gesehen.**

66. Das Reisebüro empfahl die Alpenstraße, aber wir   (diese Strecke/schon/benutzen)

    _____

67. Das Hotel schlug Bier vor, aber wir   (schon/Rotwein/bestellen)

    _____

68. Er wollte an der Grenze übernachten, aber er   (kein Zimmer/finden)

    _____

69. Ich suchte das Gepäck, aber der Führer   (es/schon/ins Hotel/tragen)

    _____

70. Ich suchte auf der Landkarte, aber er   (die Stadt/schon/finden)

    _____

71. Er konnte nicht weiterfahren, denn er   (den Paß/verlieren)

    _____

72. Er hatte kein Interrailticket, denn er   (es/dem Führer geben)

    _____

Reise in die Schweiz.

36 *Rewrite each statement in the future tense.*

> Diesen Wein mögt ihr bestimmt.
> **Diesen Wein werdet ihr bestimmt mögen.**

73. Im Berner Oberland erlebst du eine schöne Landschaft.

_____

74. Dort siehst du die Jungfrau und verschiedene andere Berge.

_____

75. Sicher hörst du viel über die Vergangenheit des Landes.

_____

76. Bestimmt schreibst du deine Erlebnisse ins Tagebuch.

_____

77. Auf diese Weise erinnerst du dich später an alles.

_____

Der Reiseführer sagt uns, was wir alles erleben werden.

37 *Rewrite the statements in the future perfect.*

> Bis zum Ende der Reise *haben* Sie viel *erlebt.*
> **Bis zum Ende der Reise *werden* Sie viel *erlebt haben.***

78. Vor dem Ende der Reise haben Sie viel besichtigt.

_____

79. Vor dem Ende der Reise haben Sie auf Bauernhöfen übernachtet.

_____

80. Dann haben Sie auch Ihr Tagebuch vollgeschrieben.

_____

81. Bald haben Sie schweizerische Gemütlichkeit kennengelernt.

_____

82. In zehn Tagen sind Sie kreuz und quer in Europa herumgefahren.

_____

Was man bei einer Reise sagt.

1–37   Express in German.

83. Where is the information (desk)?

_____

84. There is no information (desk) on this platform.

_____

85. Here comes the train. I have to get on.

_____

86. Where will you spend the night?

_____

87. I like to travel through the countryside without a destination.

_____

88. Are you going back to Switzerland?

_____

89. Now we have to show our passports.

_____

90. My stay in Austria was too short. I have never seen Vienna.

_____

91. Can you recommend a popular route?

_____

92. When will you return?

_____

93. Do you want to drive just anywhere?

_____

CHAPTER I: REISEN

ACTIVE VOCABULARY: C AND D TEXTS

Verbs

ab·fahren (ä), u, a (+sein)	to leave
ab·warten	to wait
an·fassen	to touch
an·kommen, a, o (+sein)	to arrive
an·rufen, ie, u	to telephone
auf·halten (ä), ie, a	to delay
auf·wachen (+sein)	to wake up
aus·sehen (ie), a, e	to appear
besitzen, a, e	to own
bewachen	to guard
bewohnen	to occupy
hinauf·gehen, i, a (+sein)	to go up
hinunter·kommen, a, o (+sein)	to come down
hinunter·gehen, i, a (+sein)	to go down
loben	to praise
meinen	to mean
passieren (+sein)	to happen
schimpfen	to scold; to grumble
schreien, ie, ie	to scream
stehlen (ie), a, o	to steal
teil·nehmen (i), a, o	to participate
verlassen (ä), ie, a	to leave
verschließen, o, o	to lock up
verschwinden, a, u (+sein)	to disappear
vorbei·kommen, a, o (+sein)	to pass by
weiter·gehen, i, a (+sein)	to move on
zu·hören	to listen (to)
zurück·geben (i), a, e	to give back
zurück·kehren (+sein)	to return

Nouns

die Deutsche Demokratische Republik (DDR)	German Democratic Republic (GDR)
der Dichter, -	poet

der Eingang, ⸚e	entry
das Einzelzimmer, -	single room
die Freundschaft, -en	friendship
der Gast, ⸚e	guest
das Gasthaus, ⸚er	inn
die Gaststube, -n	restaurant
die Handtasche, -n	handbag
die Menge, -n	crowd
die Sehnsucht, ⸚e	longing
die Wanderschaft	journeying
der Wirt, -e	innkeeper

Other Words

bedeutend	important
* = geboren (am)	born (on)
+ = gestorben (am)	died (on)
leider	unfortunately

4–22 *Fill in the past tense forms of the suggested verbs.*

Dann _____ wir in die Menschenmenge.   (geraten)
Dann gerieten wir in die Menschenmenge.

1. Die Hotels _____ neu. (sein)

2. Auf dem Schiff _____ nichts. (passieren)

3. Die anderen Gäste _____ unser Gepäck. (bewachen)

4. Wir _____ das Schiff um dreizehn Uhr. (verlassen)

5. Im Hotel _____ wir sofort in die Gaststube. (gehen)

6. Dort _____ der Wirt unsere Fahrkarte. (verschließen)

7. Der Mann _____ sein Dorf. (beschreiben)

8. Wir _____, er ist nicht im Dorf geboren. (denken)

9. Natürlich _____ wir ihn noch nicht. (kennen)

10. Meistens _____ (stehen) er im Eingang

    und _____. (schimpfen)

Name _____

Eine Reisegeschichte.

Complete each statement with the participle.

Hat der Wirt dich _____? (loben)
Hat der Wirt dich gelobt?

11. Einmal hatten wir dieses Zimmer _____. (bewohnen)

12. Aber Gerda hat unser Gepäck nicht _____. (bewachen)

13. Sie hatte mit dem Wirt im Eingang _____. (stehen)

14. Darum habe ich ganz laut _____. (schreien)

15. Denn meine Handtasche war _____. (verschwinden)

16. Der Wirt hat sie _____. (verschließen)

17. Unsere Fahrkarten sind darin _____. (sein)

18. Also habe ich auf den Mann _____. (schimpfen)

19. Gestern hatten wir ihn noch _____. (loben)

20. Er hat unsere Freundschaft nicht _____. (verdienen)

23–29 Form present tense statements from the given components.

21. Mein Schiff/nicht da/sein

_____

22. Er/einen weinroten Pullover/heute/tragen

_____

23. Die Frau/in der Gaststube/lange/sitzen

_____

Replace the subject as indicated and adjust the verb accordingly.

24. Wir warten auf ein Einzelzimmer. (Gerda)

_____

15

25. Wo finden wir den Wirt?   (ein Gast)

_____

26. Diese Leute besitzen auch ein Hotel.   (der Wirt)

_____

27. Warum fassen alle Gäste unser Gepäck an?   (der Mann)

_____

28. Wir verschließen jetzt unsere Koffer.   (er)

_____

29. Wie sehen die Zimmer aus?   (die Gaststube)

_____

30. Glaubst du, sie stehlen meine Handtasche?   (jemand)

_____

31. Vielleicht, aber wir halten ihn auf.   (die Menge)

_____

32. Sie geben die Koffer sofort zurück.   (der junge Mann)

_____

33. Wir wollen das Dorf endlich verlassen.   (Gerda)

_____

34. Glaubst du, sie lassen uns einfach verschwinden?   (man)

_____

35. Dürfen wir jetzt Auf Wiedersehen sagen?   (du)

_____

Answer each question in the present tense with the elements given.

Wo ist unser Gepäck?   (der Wirt/es/haben)
Der Wirt _hat_ **es.**

36. Wo ist der Wirt?   (im Eingang/warten)

_____

16

37. Wie heißen seine Gäste?   (das Mädchen/Maria heißen)

_____

38. Was tut Maria?   (in der Gaststube/sitzen und essen)

_____

39. Kann sie denn bezahlen?   (der Wirt/das nicht wissen)

_____

40. Was passiert, wenn sie kein Geld hat?   (Maria/für ihr Zimmer/arbeiten)

_____

Eine Reisegeschichte.

30–31   Rewrite each statement in the simple past tense.

41. Zwei Gäste haben kein Geld.

_____

42. Sie besitzen aber fünf Gepäckstücke.

_____

43. Die tragen sie bei sich.

_____

44. Die beiden suchen Arbeit.

_____

45. Leider gibt es keine.

_____

46. Sie übernachten in einem Zimmer mit Balkon.

_____

47. Am nächsten Tag packen sie ein.

_____

48. Eine Person geht hinauf ins Zimmer.

_____

49. Gerda bewacht das Gepäck.

_____

50. Aber dann verschwindet Gerda; sie ist einfach nicht mehr da.

_____

51. Sie hilft dem Wirt in der Küche.

_____

52. Die andere Person schimpft und schreit, denn jemand stiehlt das Gepäck.

_____

53. Aber Gerda meint, das Gepäck bedeutet nichts.

_____

54. Sie bleibt beim Wirt und ist bald mit ihm verheiratet.

_____

55. Sie lobt das Gasthausleben.

_____

56. Die beiden bewohnen das Zimmer mit dem Balkon.

_____

Als das Gepäck verschwunden war.

_32_ _Answer each question in the present perfect, without modal verbs, using the given elements._

Warum gehen Sie in die Gaststube hinunter?   (mein Mann/schon)
Weil mein Mann schon hinuntergegangen ist.

57. Warum verschließen Sie die Koffer nicht?   (wir/sie/doch schon)

_____

58. Werden die Leute das Gepäck wohl stehlen?   (sie/es/schon)

_____

59. Passiert denn so etwas wirklich?   (es/mir/noch nie)

_____

60. Kann es so einfach verschwinden? Ja,   (es/aus der Gaststube)

_____

61. Sollen wir in der Menschenmenge suchen?   (der Wirt/schon)

_____

62. Können wir mit den Leuten sprechen?   (unser Führer/schon)

_____

63. Weiß der Wirt, wo unsere Koffer sind?   (er/es/wirklich nicht)

_____

64. Müssen wir nun das Gasthaus verlassen?   (Gerda/es/schon lange)

_____

65. Sollen wir also weitergehen?   (die anderen/schon)

_____

33 Complete each statement in the past perfect.

  Der Zug sollte am Abend abfahren, aber er   (früher)
  Der Zug sollte am Abend abfahren, aber er war früher abgefahren.

66. Wir sollten das Gepäck tragen, aber sie   (es/schon)

_____

67. Gerda wollte in der Küche helfen, aber ich   (schon)

_____

68. Ich wollte die Fahrkarte nehmen, aber der Wirt   (sie/schon)

_____

69. Das Schiff sollte pünktlich kommen, aber es   (bis jetzt/noch nicht)

_____

70. Wir wollten mit ihr hinaufgehen, aber sie   (schon allein)

_____

71. Wir fragten, ob der Dichter bald zurückkehrt, aber er   (schon gestern)

_____

72. Wir hofften, daß nichts passiert, aber etwas   (schon)

_____

73. Man warnte sie, nicht zu schreien, aber sie   (sofort)

_____

74. Sie sollte den Wein nicht trinken, aber sie   (ihn/doch)

_____

75. Wir dachten, er verschwindet bald, und er   (wirklich)

_____

Vor der Abreise.

36 Rewrite each statement in the future tense.

Wenn du zurückkehrst, freuen wir uns.
Wenn du zurückkehrst, werden wir uns freuen.

76. Auf der Reise passiert dir nichts.

_____

77. Es geht dir bestimmt gut.

_____

78. Der Führer bewacht dein Gepäck.

_____

79. Niemand stiehlt es.

_____

80. Du hast alles, was du auf der Wanderung brauchst.

_____

81.   In diesem Land spricht man nur italienisch, kannst du das?

————————————————————————————————

Was man bei der Abreise sagt.

37   Restate each statement in the future perfect.

     Bald hast du geheiratet.
     Bald wirst du geheiratet haben.

82.   Bis drei Uhr ist euer Schiff abgefahren.

————————————————————————————————

83.   Dann habt ihr uns verlassen.

————————————————————————————————

84.   Eure Wanderung ist dann zu Ende.

————————————————————————————————

85.   Bald habt ihr die Sehnsucht nach dem Ausland vergessen.

————————————————————————————————

86.   Ihr seid viel zu schnell nach Deutschland zurückgekehrt.

————————————————————————————————

87.   In kurzer Zeit sind auch die Erinnerungen verschwunden.

————————————————————————————————

88.   Ihr habt dann sicher unsere Freundschaft vergessen.

————————————————————————————————

Bei der Abreise aus dem Hotel.

1–37   Express in German

89.   A guest (G) stood in the entrance and talked with a waiter (K).

————————————————————————————————

90. G: May I telephone from here?

_____

91. K: Don't you have any money on you?

_____

92. G: May I ask the innkeeper?

_____

93. K: The innkeeper has not yet woken up. He is still asleep.

_____

94. G: Why are so many guests listening?

_____

95. K: I don't know (it). Are you departing?

_____

96. G: Yes, I am leaving the inn now.

_____

97. K: You are probably homesick.

_____

98. G: Where is my luggage?

_____

99. K: It's gone!

_____

100. G: How did that happen?

_____

101. K: Who knows?

_____

102. G: What do I have left now?

_____

22

103.   K: Unfortunately, you don't have anything. Would you like to work in the restaurant?

_____

_____

104.   G: Why not?

_____

105.   K: You may occupy this room with [a] balcony.

_____

106.   G: OK.

_____

CHAPTER II: FREIZEIT

ACTIVE VOCABULARY: A AND B TEXTS

Verbs

an·nehmen (i), a, o	to accept
sich aus·ruhen	to rest
befragen	to ask
erfüllen	to fulfill
frei·haben	to have off
Sport treiben, ie, ie	to do sports
verfolgen	to keep track of
zusammen·zählen	to add up

Nouns

der Alltag, -e	every day
die Art, -en	kind
der Ausflug, ⸚e	excursion
die Ausgabe, -n	expense
die Bedeutung, -en	significance, meaning
der Bekannte, -n	acquaintance

die Beschäftigung, -en	occupation
der Besucher, -	visitor
die Bewegung, -en	movement
der Druck, (-es)	pressure, stress
das Einkommen, -	income
die Einladung, -en	invitation
die Einrichtung, -en	establishment
die Entspannung, -en	relaxation
die Erholung	recreation
der Feierabend, -e	after work hours
der Feiertag, -e	holiday
die Freizeit	leisure time
die Freizeitgesellschaft	leisure time society
der Fußball, (-s)	soccer
das Kegeln, (-s)	German bowling
der Kegler, -	bowler
die Leistung, -en	performance
die Mannschaft, -en	team
das Mitglied, -er	member
Ostern	Easter
Pfingsten	Whitsun, Pentecost
das Publikum, (-s)	public
das Schwimmbad, ⁼er	swimming pool
die Sportart, -en	type of sport
der Teilnehmer, -	participant
der Turner, -	gymnast, athlete
die Unterhaltung	entertainment
der Verein, -e	club
das Vergnügen, -	amusement, pleasure
die Wanderung, -en	hike
das Wochenende, (-s) -n	weekend

Other Words

fern	far (away)
gleichzeitig	simultaneous
in letzter Zeit	lately
öffentlich	public
regelmäßig	regular

38–39 Express in English.

1. Verdienen Sie viel? Ja, ich verdiene viel Geld.

---

2. Im Moment verdiene ich mehr als früher.

_____

3. Seit mehreren Jahren verdiene ich viel Geld.

_____

30–44 Answer each question in the present tense. Express in English to observe the contrasting use of the present tense.

Habt ihr viel frei? Do you have a lot [of time] off? Ja,   (wir)
Ja, wir haben viel frei. Yes, we do get a lot [of time] off.

4. Was ist die Funktion der Freizeit? (sie/Vergnügen machen)

_____

5. Nehmen Sie dieses Wochenende an dem Ausflug teil? Ja,   (ich)

_____

6. Im Schwimmbad entspannt ihr euch nie! Doch,   (wir)

_____

7. Wie lange spielt ihr schon Tennis?   (wir/seit Pfingsten)

_____

8. Geht ihr morgen in den Tennisklub? Ja,   (wir)

_____

Gespräch über die Freizeit.

Express in German.

9. Right now, I'm watching television.

_____

10. What do you do after work?

_____

11.   Do you swim regularly?

_____

12.   No, but I do play soccer.

_____

13.   How long have you been playing with this team?

_____

14.   I am keeping track of this team's performance.

_____

15.   I have been adding up the points the whole year.

_____

45–48   Express in German, observing the contrasting use of the simple past tense.

16.   On weekends he would go swimming.

_____

17.   My brother used to be a famous athlete.

_____

18.   His expenses were too high, but he did become a club member.

_____

19.   There were soccer clubs in every town.

_____

20.   Bowling did become a German leisure-time activity.

_____

Conversations and single actions are expressed in the present perfect. Formulate statements and questions accordingly.

21.   wo/gestern abend/Sie/sein?

_____

22.   womit/Hans/sich beschäftigen?

_____

23. Hans und ich/gleichzeitig/Mitglieder/werden

_____

24. die Leistungen aller Turner/diesmal gut bleiben

_____

25. mein Vater/nie in seinem Leben/kegeln

_____

Etwas über Fußball.

45–50 Express in German, using one of the three past tenses as required.

26. Soccer has always been the national sport.

_____

27. On holidays we would spend many hours in the stadium.

_____

28. My parents used to keep track of their team.

_____

29. They went to the club regularly; they had found relaxation there.

_____

30. But Robert never took part in the games.

_____

31. My family visited an ''allround establishment,'' met some acquaintances there, talked with them about the soccer team, and planned our next excursion.

_____

_____

_____

32. What did you do last weekend?

_____

33. Was that fun?

_____

34. The entertainment was nice, but our expenses were too high.

_____

50 *Restate each sentence pair, using* **nachdem** *and the past perfect for the activity that happened first. Omit* **dann** *in the main clause.*

Wir verfolgten das Spiel; dann lobten wir es.
Nachdem wir das Spiel verfolgt hatten, lobten wir es.

35. Sie spielten einmal Fußball, dann Lernten sie die Spielregeln.

_____

36. Er lernte das Kegeln; dann machte es ihm großes Vergnügen.

_____

37. Unsere Bekannten kamen an; dann zeigten wir ihnen alle Einrichtungen.

_____

38. Wir wurden Mitglieder im Verein; dann hatten wir am Feierabend etwas zu tun.

_____

51–52 *Answer in the future tense. Indicate whether the answer implies futurity (F) or probability (P).*

39. Warum treibt Frau Meinke Sport? (sie/zum Vergnügen)

(   ) _____

40. Spielt sie gut Tennis? (nach ein paar Jahren/sie)

(   ) _____

41. Warum sind eure Bekannten nicht hier? (sie/auf einem Ausflug)

(   ) _____

42. Wirklich? (Ja, oder sie/sich im Freizeitzentrum entspannen)

(   ) _____

53–54 *Rewrite each question or statement in the future perfect. Indicate whether the tense is used for past probability (P) or for completion of the action in the future (F).*

43.   Bald ist das Freizeit-Budget der Bundesbürger gewachsen.

( ) _____

44.   Vielleicht haben sie zu viel Geld für Unterhaltung ausgegeben.

( ) _____

45.   Bis nächsten Sommer seid ihr gute Turner geworden.

( ) _____

46.   Paul sieht besser aus; er hat sich wohl gut ausgeruht.

( ) _____

47.   In kurzer Zeit ist Bowling auch bei uns populär geworden.

( ) _____

Frau Meinke schreibt an ihre Familie, die auf Urlaub ist.

55–60   Write formal or informal commands.

(nicht/so rastlos/sein)   Peter/Kinder/Herr Müller
Peter, sei nicht so rastlos!
Kinder, seid nicht so rastlos!
Herr Müller, seien Sie nicht so rastlos!

48.   (keinen neuen Klub/gründen)

Emil, _____

49.   (lieber/für die alte Mannschaft/arbeiten)

Emil und Kinder, _____

50.   (nicht/immerzu am Fernseher/sitzen)

Ingeborg, _____

51.   (jeden Tag/kegeln)

Ihr alle, _____

52.   (morgens/pünktlich/im Schwimmbad sein)

Richard, _____

29

53. (am Mittag/einen guten Tisch/reservieren)

Fräulein Walter, _____

54. (gute Turner/werden)

Robert und Richard, _____

55. (bei all dem Vergnügen/mich/nicht vergessen)

Emil, _____

61–66 Express in German.

56. Children, let's watch television!

_____

57. Emil, let's accept the invitation!

_____

58. Ladies and gentlemen, let's ask the public!

_____

Was machen die Österreicher in der Freizeit?

67–77 Form statements in the present tense observing prefix position.

die Arbeiter sich ausruhen.
Die Arbeiter ruhen sich aus.

59. die Freizeit-Industrie/uns/über unsere Aktivitäten/befragen

_____

60. viele Leute/an jedem Wochenende/skifahren

_____

61. meine Familie/die Leistungen der Mannschaft/verfolgen

_____

62. fast alle Mitglieder/regelmäßig/fernsehen

_____

63. Leute unter Druck/nur sonntags/sich ausruhen

_____

Restate sentences 59–63 in the simple past tense.

64. _____

65. _____

66. _____

67. _____

68. _____

Respond in the present perfect tense without using a modal verb.

    Müssen Sie den Artikel umschreiben? Nein,   (mein Assistent)
    Nein, mein Assistent hat den Artikel umgeschrieben.

69. Möchten Sie sich mit Musik beschäftigen? Nein,   (aber früher)

    _____

70. Wollen Sie die Feiertage im Ausland verbringen? Nein,   (aber/letztes Jahr)

    _____

71. Können Sie viel für Vergnügen ausgeben? Heute nicht,   (aber/früher)

    _____

72. Hast du schon skifahren gelernt? Nein,   (aber/mein Mann)

    _____

73. Müssen wir das Budget neu überlegen? Nein,   (unser Klub/schon)

    _____

Freizeitbeschäftigungen.

Supply the participle.

74. Alle Klubmitglieder haben _____.
    (mitspielen)

75. Am Feierabend haben wir uns im Garten _____.
    (entspannen)

76. Am Wochenende hat sie sich beim Skifahren _____.
    (erholen)

77. Er hat seiner Lieblingsmannschaft _____.
    (zuschauen)

78. Man hat die Zahl der Besucher _____.
    (zusammenzählen)

79. Wir haben öffentliche Tennisplätze _____.
    (benutzen)

80. Inge hat am Feierabend manchmal _____.
    (studieren)

78–98 Rewrite each statement, using the modal verb cued.

   Öffentliche Verkehrsmittel sind teuer.   (nicht dürfen)
   Öffentliche Verkehrsmittel *dürfen* nicht teuer sein.

81. Die Freizeit-Industrie macht große Profite.   (können)

   _____

82. Jeder Bundesbürger wird Turner.   (wollen)

   _____

83. Kein Mensch arbeitet am Wochenende.   (mögen)

   _____

84. Jeder treibt jetzt mehr Sport.   (sollen)

   _____

85. Gehst du ins öffentliche Schwimmbad?   (dürfen)

   _____

86. Ich zähle jetzt unsere Ausgaben zusammen.   (müssen)

   _____

Die Kinder fragen die Mutter.

Respond with the cued phrases.

   Mögen andere Kinder diese Sportart? Nein,   (aber ich)
   Nein, aber ich mag diese Sportart.

Copyright © 1990 Holt, Rinehart and Winston, Inc.

87. Dürfen wir ins öffentliche Schwimmbad? Nein,   (nur Richard)

_____

88. Müssen wir an dem Skiausflug teilnehmen? Nein,   (nur Inge)

_____

89. Können wir uns in einer Stunde gut ausruhen?   (wer es versucht).

_____

90. Wollen wir jetzt zum Fußball? Ja,   (sogar Wilhelm)

_____

Rewrite each statement with a modal verb, using the cued information. Keep the same tense.

Wir haben immer gleichzeitig frei.   (negative ability)
Wir können nicht immer gleichzeitig freihaben.

91. Viele Bundesbürger haben vierzehn Feiertage.   (desire)

_____

92. Die meisten arbeiten am Alltag sehr schwer.   (necessity)

_____

93. Viele entspannen sich in Freizeiteinrichtungen.   (inclination)

_____

94. Alle benutzen die öffentlichen Schwimmbäder.   (permission)

_____

95. Mehrere Mitglieder schwimmen nicht.   (negative ability)

_____

96. Die gehen natürlich nicht ins Wasser.   (negative permission)

_____

Was das Publikum über Freizeit denkt.

Rewrite each statement in the present perfect tense, using the double infinitive when required.

Bei soviel Bewegung mußte er ja krank werden.

Bei soviel Bewegung hat er ja krank werden müssen.

97. Viele Bundesbürger mochten die Freizeit-Industrie nicht.

_____

98. Denn sie mußten am Wochenende in Haus und Garten arbeiten.

_____

99. Natürlich wollten sie auch ein bißchen Vergnügen.

_____

100. Zum Beispiel konnten sie fernsehen.

_____

101. Das konnten sie aber nur an Feiertagen.

_____

102. Wenige Familien durften große Ausgaben machen.

_____

103. Natürlich nicht, niemand darf das.

_____

104. Saht ihr heute eure Lieblingsmannschaft spielen?

_____

105. Meine Eltern ließen uns nicht ins Stadion gehen.

_____

106. Aber wir hörten sie über die guten Leistungen sprechen.

_____

Sport in der Freizeit

Express in German.

107. We're recommending this type of sport.

_____

108. Leisure-time activities do not have to be expensive.

_____

109. All our acquaintances claimed to be athletes.

_____

110. Unfortunately, I don't like any type of sport.

_____

111. Let the citizens find (some) recreation!

_____

Insert the modal verb(s) required by the mode of action.

112. Nur Vereinsmitglieder _____ teilnehmen.

113. Leider _____ ich nicht kegeln.

114. Der Arzt sagt, du _____ mehr Sport treiben.

115. Zu Ostern _____ wir eine Wanderung machen.

116. Im Alltag _____ wir ziemlich schwer arbeiten.

117. Aber am Feierabend _____ ihr euch erholen, nicht wahr?

118. _____ Sie Ihre neue Beschäftigung?

119. Hans _____ Fußballspieler sein, aber das stimmt nicht; er treibt gar keinen Sport.

CHAPTER II: FREIZEIT

ACTIVE VOCABULARY: C AND D TEXTS

Verbs

auf·geben (i), a, e	to give up
aus·rechnen	to figure out, calculate
sich betrinken, a, u	to get drunk

betrügen, o, o	to deceive, cheat
sich ein·bilden	to imagine
erfahren (ä), u, a	to come to know
erfinden, a, u	to invent
sich erkundigen (nach)	to inquire (about)
fordern	to demand
genießen, o, o	to enjoy
grüßen	to greet
sich irren	to err; to be wrong
klagen	to complain
lächeln	to smile
nicken	to nod
rauchen	to smoke
schütteln	to shake
Stellung nehmen (i), a, o	to take a position
überraschen	to surprise
übersetzen	to translate
verbrauchen	to consume
vermuten	to surmise, suspect
verursachen	to cause
zu·schauen	to watch
zweifeln	to doubt

Nouns

die Einbildung, -en	imagination
die Erfindung, -en	invention
der Erzähler, -	narrator
das Gegenteil, -e	contrary
die Kellnerin, -nen	waitress
die Kunst, ̈e	art
das Pech, (-s)	bad luck
die Spielregel, -n	rule of a game
der Verlierer, -	loser
der Verlust, -e	loss
die Wirklichkeit	reality

Other Words

einzig	single, only
erfolgreich	successful
neugierig	curious
spannend	suspenseful
tapfer	brave
vergeblich	in vain
verrückt	crazy
vorsichtig	careful

36

Beim Kartenspiel.

38–41 *Answer each question in the present tense. Express in English to observe contrasting tense usage.*

1. Betrügen Sie manchmal Ihre Partner? Ja,   (ich/oft)

    _____

2. Vermuten Ihre Partner, daß Sie sie betrügen? Ja,   (sie)

    _____

3. Sie kennen die Spielregeln wohl nicht? Doch,   (wir alle)

    _____

4. Rauchen Sie? Ja,   (ich)

    _____

5. Rauchen Sie schon lange? Nein,   (seit vier Jahren)

    _____

Beim Kartenspiel.

Express in German.

6. Do you like to watch?

    _____

7. When I'm watching, I can learn the rules of the game.

    _____

8. This man has been playing very carefully.

    _____

9. I suspect he has been having bad luck.

    _____

10. What will he do after the game?

    _____

11. He'll figure out his losses.

_____

45–49   Express in German, observing the contrasting use of the simple past tense.

12. The losers did pay.

_____

13. He would sit there, smile and shake his head.

_____

14. His bad luck always used to surprise him.

_____

15. His losses were too high; they consumed all his money.

_____

16. He had always been complaining about it.

_____

Gespräch mit dem Verlierer.

50–   Single actions in the past and conversations are expressed in the perfect tense. Formulate statements accordingly.

    Sie/wirklich/verlieren?
    Haben Sie wirklich verloren?

17. Sie/wirklich/das Kartenspiel/aufgeben?

_____

18. wie/Sie/das/erfahren?

_____

19. ich/mich/danach erkundigen

_____

20. ich/dieses Jahr/zuviel Geld/verbrauchen

_____

21. ich/mich irren auch/in den Regeln

_____

22. andere Spieler/ihr Geld/vergeblich/von mir fordern

_____

23. das/verursachen/einen Skandal

_____

24. ich/das/sich nur einbilden

_____

In der Bar.

*Restate each sentence pair, using **nachdem** for the activity that occurred first. Omit **dann** or **und** in the main clause.*

> Er betrog sie; dann wurde seine Frau (sie) verrückt.
> **Nachdem er sie betrogen hatte, wurde sie verrückt.**

25. Er grüßte den Wirt und setzte sich an einen Tisch.

_____

26. Er wartete ein bißchen, und die Kellnerin kam.

_____

27. Er bestellte ein Bier und rauchte langsam eine Zigarette.

_____

28. Er erfand eine spannende Geschichte und erzählte sie uns.

_____

29. Sie erfuhr, daß alles nur Einbildung war, und nickte tapfer.

_____

Herr Kurt und die Kartenspieler.

45–50 Express in German, using one of the three past tenses as required.

30. When he was in the inn, he would watch the card game.

_____

31. He would sit there, smoke, and shake his head.

_____

32. While watching, he would smile bravely.

_____

33. Mr. Kurt used to be the only loser.

_____

34. Once he had gone to a bar and had gotten drunk.

_____

35. He had imagined that the players were cheating him.

_____

51–52 Rewrite each statement in the future tense. Indicate whether the future is used for probability (P) or futurity (F).

   Diese Frau betrügt dich.
   (F) Diese Frau wird dich betrügen.

36. Sie genießen diese Erzählung.

   ( ) _____

37. Bald ist diese Prosa sehr erfolgreich.

   ( ) _____

38. Das überrascht Sie bestimmt.

   ( ) _____

39. Sie erkundigen sich aber vergeblich nach dem Autor.

   ( ) _____

40. Wenn Sie den Text übersetzen, verstehen Sie ihn besser.

   ( ) _____

53–54   *Answer each question in the future perfect. Indicate whether it is used for past probability (PP) or for completion of the action in the future (FP).*

Hat er schon einmal seine Frau betrogen? Ja,   (er/schon einmal)
(PP) Ja, er wird seine Frau schon einmal betrogen haben.

41.   Schüttelt er den Kopf? Ja,   (er/seine Verluste ausrechnen)

(   ) _____

42.   Klagt Frau Braun schon wieder? Ja,   (ihr Mann/Pech haben)

(   ) _____

43.   Habt ihr euch nach den Spielregeln erkundigt? Ja,   (wir/sie/bis heute abend/lernen)

(   ) _____

44.   Lächeln die Verlierer? Ja,   (sie/frühere Erfolge/sich erinnern)

(   ) _____

Ein Gast in der Bar.

55–62   *Write formal or informal commands.*

(schnell kommen)
Herr Doktor _____
Herr Doktor, kommen Sie schnell!

45.   (nicht/neugierig sein)

Kellner, _____

46.   (ein Bier/bringen)

Kellnerin, _____

47.   (sich nicht betrinken)

Hans, _____

48.   (den Cocktail/schütteln)

Kollege, _____

49. (dem Barmann/zuschauen)

Hugo und Mark, _____

50. (nicht/so viel/rauchen)

Max, _____

Die Arbeit des Autors.

67–77 Form present tense statements, observing prefix position.

Ein Autor/viele Dinge/sich einbilden
Ein Autor bildet sich viele Dinge ein.

51. was für Erzählungen/ein Dichter/erfinden?

_____

52. Sie/die Wirklichkeit/erfolgreich beschreiben

_____

53. mancher Autor/den Menschen/vergeblich zuschauen

_____

54. andere Autoren/mit viel Kunst/erzählen

_____

55. mancher Erzähler/verrückte Situationen/sich einbilden

_____

56. er/diese Einbildungen/in spannende Prosa/übersetzen

_____

Rewrite sentences 51–56 in the simple past.

57. _____

58. _____

59. _____

60. _____

61. _____

62. _____

Spieler unter sich.

Respond in the perfect tense, omitting modal verbs.

>Kurt will mitspielen. Er   (noch nie)
>**Nein, er hat noch nie mitgespielt.**

63.   Heute wollen wir ihn nicht betrügen. Wir   (ihn/doch noch nie)

_____

64.   Ich möchte das Gegenteil vermuten. Hans   (auch)

_____

65.   Wer soll sich nach den Regeln erkundigen? Otto   (schon)

_____

66.   Will Otto am Spiel teilnehmen? Er   (nur einmal)

_____

67.   Er will die Karten nie wieder anfassen. Er   (sie/oft/mit Pech)

_____

68.   Also mußte er die Karten aufgeben. Ja, er   (für immer)

_____

Nach dem Kartenspiel.

Respond in the present tense.

>Wollen Sie mitspielen? Ja, ich   (heute)
>**Ja, ich spiele heute mit.**

69.   Habt ihr dem Kartenspiel zugeschaut? Ja, wir   (jeden Nachmittag)

_____

70.   Will er sich nach den Verlusten erkundigen? Ja, er   (aber vergeblich)

_____

71. Habt ihr wieder viel Geld in der Bar ausgegeben? Ja, wir   (oft)

_____

72. Habt ihr euch dann betrunken? Nein, wir   (nie)

_____

Ottos neues Ich.

78–98   Restate each sentence with a modal verb, using the cued information. Keep the tense.

Man übersetzt den Text.   (necessity)
Man *muß* den Text übersetzen.

73. Otto klagt nicht mehr über sein Pech.   (desire)

_____

74. Er erfindet ein anderes, tapferes Ich.   (necessity)

_____

75. Er genoß sein neues Leben eine Weile.   (permission)

_____

76. Er bittet nicht vergeblich um Sympathie.   (inclination)

_____

77. Kellnerinnen sind neugierig.   (permission denied)

_____

78. Die Zuschauer schüttelten nur die Köpfe.   (ability)

_____

Der Pechvogel.

Replace the underlined elements with modal constructions. Express both statements in English.

Er war nicht fähig, sein Leid zu vergessen.
Er konnte sein Leid nicht vergessen.

79. Der Mann bildete sich ein, ein Pechvogel zu sein.

_____

_____

80. Deshalb <u>sagt man</u>, er <u>ist</u> ver<u>rückt</u>. *crazy*

_____

_____

81. Es <u>ist</u> den Kindern nicht <u>erlaubt</u>, ihn <u>zu</u> grüßen. *allow*

_____

_____

82. Der Pechvogel <u>wünschte</u>, die Wirklichkeit <u>zu</u> vergessen.

_____

_____

83. Er <u>braucht</u> nicht vergeblich <u>zu</u> klagen. *in vain*

_____

_____

84. Der Pechvogel <u>forderte</u> Freundschaft von seinen Nachbarn.

_____

_____

Aufgaben eines Dichters.

Supply the modal verb required by the mode of the action.

> Er _____ kein einziges Mal lächeln.
> **Er darf kein einziges Mal lächeln.**

85. Der Autor sagt, wir _____ seine Erfindungen glauben.

86. Nein! Wir _____ die Wirklichkeit anders erfahren.

87. Manchmal _____ man an seinen Einbildungen zweifeln.

88. Z. B. wenn man eine Erzählung nicht glauben _____.

89. Ein Künstler _____ sich in seinen Mitteln nicht irren.

90. Sonst _____ das Publikum seine Arbeiten nicht.

Heinz und die Kartenspieler.

94–96 *Rewrite each statement in the present perfect tense, watching for double infinitives.*

Er wollte vorsichtig spielen.
Er hat vorsichtig *spielen wollen.*

91. Heinz sah die Männer das Spiel genießen.

92. Aber er selbst konnte das Spiel nicht.

93. Er mußte sich nach den Spielregeln erkundigen.

94. Dann wollte Heinz nicht mitspielen.

95. Später hörte er sie die Verluste ausrechnen.

96. Er durfte die Spieler kein einziges Mal fragen.

97. Einige Verlierer mochten ihr Pech nicht.

98. Man ließ sie vergeblich klagen.

Eine Erzählerin klagt.

Express in German.

99. The bartender did not like my tale.

100. I saw him smile carefully and nod.

101. So what is an author to do?

_____

102. I must be brave and mustn't complain.

_____

103. I don't have to surprise my public.

_____

104. I must bravely take a stand even though I may be wrong.

_____

105. Some people claim to be successful poets but I cannot believe it.

_____

CHAPTER III: BERUF UND ARBEIT

ACTIVE VOCABULARY: A, B, AND C TEXTS

Verbs

sich an·strengen	to make an effort
aus·wählen	to choose
behaupten	to assert
entschuldigen	to excuse
erkennen, a, a	to recognize
forschen (nach)	to do research, to inquire after
her·stellen	to produce
hinein·gehören	to belong to
kaputt·gehen, i, a (+ sein)	to get broken
leiten	to direct
nachdenken, a, a (über)	to think about
stören	to disturb
streichen, i, i	to stroke
überzeugen	to persuade
verdienen	to earn

Nouns

die Akademikerin, -nen	academic (fem.)
die Anstellung, -en	employment
die Ausbildung, -en	education
der Beschäftigte, -n	employee
der Bundesbürger, -	citizen of FRG
die Dienstleistung, -en	service
der Eintritt, -e	entry
die Erfahrung, -en	experience
die Erhöhung, -en	increase
das Fach, ⸚er	subject, topic
der Führerschein, -e	driver's license
der Handel, (-s)	trade
die Hauptsache, -n	main point, main thing
die Hochschule, -n	university
das Jahrhundert, -e	century
der Krankenpfleger, -	nurse (masc.)
der Kunde, -n	customer
der Laden, ⸚ (-s)	shop, store
die Richterin, -nen	judge (fem.)
der Staub (-s)	dust
der Stundenlohn, ⸚e	hourly wage
die Tatsache, -n	fact
die Untersuchung, -en	examination
die Wissenschaftlerin, -nen	scientist (fem.)
das Wohnzimmer, -	living room
der Zeichner, -	designer, draftsman
die Zeitschrift, -en	journal

Other Words

ähnlich	similar
arbeitslos	unemployed
durchschnittlich	average
im Freien	outdoors
naturwissenschaftlich	scientific
usw. = und so weiter	etc. = and so on
wert	worth

99–102   Add the definite article to each noun.

1. _____ Fach   3. _____ Tatsache   5. _____ Staub

2. _____ Schule   4. _____ Laden   6. _____ Kunde

7. _____ Eintritt   8. _____ Zeichner   9. _____ Handel

104–107   In the active vocabulary list, find the masculine, feminine, and neuter nouns you can identify because of their form. Write them below, providing the appropriate definite article.

10., 11. _____

_____

_____

_____

108–110   Identify the gender of the following nouns from texts A, B, and C. Explain how meaning determines their gender.

12. Tag _____

13. Frau _____

14. Arzt _____

15. Biologe _____

16. Chemiker _____

17. Mathematiker _____

18. Ingenieur _____

19. Frankreich _____

20. England _____

21. Italien _____

22. Vater _____

23. Examen _____

24. Studium _____

25. Mann _____

26. Kind _____

27. Problem _____

28. Dienstag _____

29. Terrain _____

30. Modell _____

117–127 Give the German singular and plural forms.

   this customer _____
   dieser Kunde, diese Kunden

31. every citizen _____

32. such a customer _____

33. such a different experience _____

34. this cleaning man _____

35. many a fact (plural: some) _____

36. Which century? _____

37. What an entry! _____

38. What kind of a service? _____

39. no driver's license _____

40. that shop there _____

*Supply the corresponding **der**-word.*

   Manch eine (_____) Zeitschrift ist nichts wert.
   Manch eine (manche) Zeitschrift ist nichts wert.

41. *Manch eine* (_____) Akademikerin resigniert.

42. Mit *so einem* (_____) Eintritt störst du die Arbeit.

43. Eine solche (_____) Leistung überzeugt.

44. *Die* Forscherin *da* (_____ Forscherin) steht immer im Mittelpunkt.

45. *Eine jede* (_____) Ingenieurin strengt sich an.

46. *Manch eine* (_____) Frau muβ Beruf und Familie verbinden.

47. *So einen* (_____) Putzmann finden wir nicht wieder.

48. *Solch ein* (_____) Artikel gehört in eine Fachzeitschrift.

49. *Manch eine* (_____) Zeichnung wurde ausgewählt.

50. So ein (_____) Fehler wird nicht entschuldigt.

*Make plausible statements by filling in appropriate **der**-word(s) in the singular or plural: **welcher, der, dieser, solcher, mancher, jeder**.*

_____ Putzmann finden wir nicht wieder.
Solchen Putzmann finden wir nicht wieder.

51. _____ naturwissenschaftliche Zeitschrift lesen Sie?

52. _____ Untersuchung überzeugt uns nicht.

53. _____ Dinge stellt die Firma her?

54. _____ neumodische Zeug braucht der Handel nicht.

55. Mit _____ Ausbildung finden Sie eine gute Position.

56. Er wollte _____ Zeichnungen selbst auswählen.

57. _____ Anstellung möchte ich auch haben.

58. _____ Wissenschaftlerin ist heute arbeitslos.

59. Ich finde, _____ Tatsachen überzeugen nicht.

60. _____ Zeichnung hast du gemacht?

61. Der Stundenlohn _____ Zeichner ist nicht hoch.

*118 Supply the possessive or **ein**-word appropriate for the subject or the person addressed.*

62. Ich muß über _____ Tochter nachdenken.

63. Die Ärztin sucht _____ Krankenpfleger.

64. Wir haben einen Laden, aber wo sind _____ Kunden?

65. Frau Blum, wo wählen Sie _____ Zeitschriften aus?

66. Die Bundesbürger unterstützen _____ Hochschulen.

67. Barbara will jetzt _____ Ausbildung beginnen.

68. Hat Hans schon _____ Führerschein gemacht?

69. Interessiert ihr euch denn nur für _____ Forschung?

70. Wir denken viel über _____ Jahrhundert nach.

Unser Putzmann.

128–129 Complete and translate each statement to observe the use of the German definite article.

Waschen Sie sich _____ Hände!
Waschen Sie sich die Hände!
Wash your hands!

71. Putzmänner arbeiten mehr als 32 Stunden _____ Woche.

_____

72. Unser Putzmann verdient zwölf Mark _____ Stunde.

_____

73. Er kommt einmal _____ Woche, am Mittwoch.

_____

74. Er kommt immer mit _____ Auto.

_____

75. Er hat den Führerschein noch in _____ Hand.

_____

76. Autofahren hat er in _____ Schule gelernt.

_____

77. Er hängt _____ Mantel in die Garderobe.

_____

78. Er hält der Hausfrau _____ Finger vor _____ Nase.

_____

79. „Am Staub erkennt man _____ schlechte Hausfrau," sagt er.

_____

80. Ihr Mann schüttelt nur _____ Kopf.

_____

Express in German.

81. In the summer he is always unemployed.

_____

82. He has been directing the school since August.

_____

83. In the beginning the scientists worked outdoors.

_____

84. On Sunday nobody disturbs us.

_____

Berufswünsche.

*Insert or omit an **ein**-word as appropriate.*

85. Wenn du dich anstrengst, kannst du _____ Ärztin werden.

86. Sie wäre _____ gute Lehrerin geworden; leider arbeitet sie jetzt bei einer Bank.

87. Klaus möchte als _____ Beamter bei der Regierung arbeiten.

88. Peter will _____ Krankenpfleger werden.

89. Natürlich ist mein Bruder _____ Akademiker geworden!

Now formulate negative statements.

90. Sie wird bestimmt _____ gute Lehrerin, denn sie strengt sich nicht an.

91. Peter wird _____ Krankenpfleger.

92. Leider ist mein Vater _____ Akademiker.

93. Ohne Ausbildung kannst du _____ Richter werden.

94. In unserem Büro darf _____ Zeichnung kaputtgehen!

Express in German to observe the use of the definite article.

95. I am a citizen of the Republic.

_____

96. She became an engineer.

_____

97. Her mother had been a well-known scientist.

_____

98. Are you a sociologist?

_____

99. My cleaning man is always in a hurry.

_____

100. The nurse said I have a fever.

_____

101. He has always worked as a draftsman.

_____

102.   He's unemployed, but he used to be a designer.

_____

103.   Now he works as a nurse.

_____

104.   She convinced me that she was an American.

_____

*118–127   Complete each statement with a possessive adjective or pronoun or a form of **kein**.*

Mein Putzmann verdient wenig. Wieviel bezahlst du _____?
Mein Putzmann verdient wenig. Wieviel bezahlst du deinem?

105.   Meine Ausbildung war schwer. Hat Hans dich überzeugt, daß _____ auch schwer war?

106.   Wir forschen nach den Tatsachen. Können Sie uns _____ Tatsachen geben?

107.   Ich habe meinen Führerschein verloren. Hast du _____ auch verloren?

108.   Euer Stundenlohn ist hoch. _____ ist ganz durchschnittlich.

109.   Hans hat sein Fach schon ausgewählt. Inge weiß _____ noch nicht.

110.   Inge kann nichts auswählen. Gefällt ihr denn _____ Fach?

111.   Uns gefällt unsere Arbeit nicht. Habt ihr auch _____ interessante Stelle gefunden?

112.   Rosa geht jeden Tag mit dem Hund spazieren. Geht ihr auch mit _____ Hund spazieren?

113.   Ihr habt schon eure Meinung über diese Frage gesagt. Dürfen wir jetzt _____ sagen?

CHAPTER III: BERUF UND ARBEIT

ACTIVE VOCABULARY: D AND E TEXTS

Verbs

auf·springen, a, u (+ sein)	to jump up
aus·sprechen (i), a, o	to express
berühren	to touch
betrachten	to regard
ein·treten (i), a, e (+ sein)	to enter
erschrecken (i), a, o (+ sein)	to become frightened
ersetzen	to substitute
gebrauchen	to use
überlegen	to ponder
sich vor·stellen	to introduce oneself
wiederholen	to repeat

Nouns

die Aufmerksamkeit, -en	attention
der Auftrag, ⸚e	order
der Ausdruck, ⸚e	expression
der Ausländer, -	foreigner
die Aussicht, -en	view
die Begegnung, -en	encounter
die Bemerkung, -en	remark
der Blick, -e	look
der Chef, -s	boss
der Doppelgänger, -	double
der Einfluß, ⸚sse	influence
der Ersatz	substitute
die Erzählung, -en	tale
die Fähigkeit, -en	capability
die Freundlichkeit, -en	kindness
das Gefängnis, -se	prison
die Geschwindigkeit, -en	speed
die Haltung, -en	attitude
die Herstellung, -en	production
die Höhe, -en	height
der Keller, -	cellar
der Knopf, ⸚e	button
der Maurer, -	mason
die Probe, -n	rehearsal
der Roman, -e	novel

der Schriftsteller, -	writer
der Schritt, -e	step
der Stellvertreter, -	deputy
die Störung, -en	disturbance
die Versammlung, -en	meeting
der Verstand	reason
das Wesen, -	creature
die Zeile, -n	line (of text)

Other Words

angenehm	pleasant
wenigstens	at least

99–102   Add the definite article to each noun.

1. _____ Auftrag   4. _____ Roman   7. _____ Blick

2. _____ Keller   5. _____ Probe   8. _____ Haus

3. _____ Ersatz   6. _____ Wesen   9. _____ Zeile

104–107   In the active vocabulary list, find those nouns which you know to be feminine because of their form.

10., 11. _____

_____

_____

_____

_____

In the active vocabulary list, find those nouns which you know to be neuter or masculine because of their form.

12. _____

_____

108–110   *Identify the gender of the following nouns from texts C and D. Explain how meaning determines their gender.*

13.   Herr _____

14.   Chef _____

15.   System _____

16.   Soldat _____

17.   Mensch _____

18.   Hausfrau _____

19.   Theater _____

20.   Kino _____

117–126   *Give the German singular and plural forms.*

every ability _____
jede **Fähigkeit,** *alle* **Fähigkeiten**

21.   many a writer (plural: some) _____

22.   every creature _____

23.   Such a life! _____

24.   Such a boss! (singular: 4 possibilities) _____

_____

25.   this kindness _____

26.   Which order? _____

27.   What an intellect! _____

28.   What kind of substitute? _____

29.   such disturbances _____

30.   many a glance _____

*Supply the corresponding **der**-word.*

Solch eine (_____) Arbeit können nur Schriftsteller machen.
Solche Arbeit können nur Schriftsteller machen.

31. *Solch eine* Aussicht habe ich mir gewünscht.

32. *So einen* (_____) Ausdruck darfst du nicht gebrauchen.

33. *Der* Knopf *da* (_____ Knopf) reguliert die Geschwindigkeit.

34. *Eine solche* (_____) Haltung ist wirklich arrogant.

35. Mit *dem* Wesen *da* (_____ Wesen) habe ich nichts gemeinsam.

36. *Manch eine* (_____) Bemerkung wird einfach vergessen.

37. *Ein jeder* (_____) Mensch sollte einen Stellvertreter haben.

38. *Das* Gefängnis *hier* (_____ Gefängnis) hat uns wirklich erschreckt.

39. Damals sind wir noch zu *manch einer* (_____) Versammlung gegangen.

40. *Solch einen* (_____) Doppelgänger kann ich nicht gebrauchen.

41. Sprechen Sie bitte *das* Wort *hier* (_____ Wort) ohne Akzent aus!

42. Die Herstellung *der* Maschinen *dort* (_____ Maschinen) ist teuer.

43. Darf ich *den* Knopf *da* (_____ Knopf) berühren?

*Make plausible statements by filling in appropriate **der**-word(s): **dieser, jeder, welcher, solcher, mancher, der**.*

44. _____ Roman hatte einen Einfluß auf Sie?

45. Von _____ Höhe hat man eine gute Aussicht.

46. _____ Erzählungen von Borchert berühren uns stark.

47. _____ Fähigkeit erklärt seinen Erfolg.

48. _____ Masse von Menschen!

49. _____ Blick kann beinahe alle Wörter ersetzen.

50. Unsere Soldaten haben _____ Proben geschafft!

51. Fast bei _____ Wort sprang sie auf.

52. Haben _____ Ausländer wenigstens Verstand?

*Respond (answer or ask) with the **der**-word phrases suggested.*

> *Wer* ist gerade eingetreten? *(that foreigner there)*
> *Jener* **Ausländer.** *Der* **Ausländer da.**

53. *Welchem Raum* muß ein Dichter Namen geben? *(each one)* *(all)*

_____

54. Sind *alle* Begegnungen für ihn traurig? *(many a one is)* *(some are)*

_____

55. So ein Menschenautomat hat *viele* Fähigkeiten. *(which?)*

_____

56. *Wer* hat sich schon vorgestellt? *(everyone)*

_____

57. Denken Sie über *den* Auftrag nach! *(which one?)* *(this one?)*

_____

58. Sind *diese* Knöpfe teuer? Nein, *(not such [buttons])*

_____

59. Kannst du *diese* Zeile aussprechen? Nein, *(not such a one)*

_____

60. Gibt es Gefängnisse in *den* Kellern? Ja, in *(some)* *(these)* *(all)*

_____

118 *Insert the possessive appropriate for the subject or the person addressed.*

61. Der Chef schickte _____ Stellvertreter.

62. Frau Schwarz, bitte erklären Sie _____ großen Einfluß.

60

63. Hans, hast du _____ Auftrag bekommen?

64. Würden Sie bitte _____ Bemerkung wiederholen?

65. Freunde, gehen wir jetzt zu _____ Versammlung!

66. Betrachtet ihr die Fähigkeiten _____ Vertreter als sehr gut?

67. Ich hatte keinen Knopf an _____ Jacke.

Eine Schriftstellerin.

128–129   Insert or omit the definite article. Observe German usage in contrast to English.

_____ Anfang April beginnt sie den Roman.
Anfang April beginnt sie den Roman.

68. Wir fuhren mit _____ Zug zu der Schriftstellerin.

69. Sie wohnte in _____ Schweiz.

70. _____ junge Dr. Schwing arbeitete dort als Lektorin.

71. Sieben Tage _____ Woche schrieb sie ihre Zeilen.

72. Sie schrieb alles mit _____ Hand, obwohl sie eine Schreibmaschine hatte.

73. Sie überlegte ihre Worte, bis sie _____ Kopf schmerzte.

74. Mit _____ Zeit gewann sie großen Einfluß.

75. _____ meisten Menschen mögen ihre Romane.

76. _____ moderne Deutschland kennt Ihre Fähigkeiten.

Express in German to observe the use of the definite article.

77. She wrote about people at home.

_____

78. As a writer she was interested in existentialism.

_____

79. She loved people.

_____

80. She wrote her letters by hand.

_____

81. This author discusses all capabilities of modern man.

_____

82. She knows some difficulties of life.

_____

83. No mechanical double is able to replace human reason.

_____

84. Nobody can express the secrets of nature.

_____

85. Most people don't go to jail.

_____

Eine Karriere.

Insert or omit the **ein**-*word as required.*

86. Dieser Mann hier arbeitet jetzt als _____ Maurer.

87. Er betrachtet sich aber als _____ Schriftsteller.

88. Am Anfang war er _____ expressionistischer Lyriker.

89. Er wollte aber _____ Soldat werden.

90. Für seinen Staat ist er jetzt _____ Ausländer.

86–90 Now formulate negative statements.

91. _____

92. _____

93. _____

94. _____

95. _____

Express in German, observing the use of the indefinite article.

96. Today Hermann Kasack is a well-known author.

    _____

97. During the Second World War he was a soldier.

    _____

98. After the war he worked as a writer.

    _____

99. Heinz Kahlau is a well-known writer in the GDR.

    _____

100. He was first a tractor driver, then a FDJ functionary *(Funktionär)*.

    _____

101. Later he became a pupil of Brecht's.

    _____

102. As a socialist author he writes for the masses.

    _____

*Complete each statement with a possessive or a **kein**-form.*

103. Mein Chef kommt heute; er wird _____ Sekretärin mitbringen.

104. Aber er hat doch gar _____ Sekretärin!

105. Herr Müller, wo ist _____ Doppelgänger?

106. _____ Doppelgänger? Ich habe _____ Doppelgänger!

107. Kollegen, wann beginnt _____ Versammlung?

108. _____ Versammlung? Heute haben wir _____ Versammlung!

109. Hat Hans _____ Auftrag bekommen?

110. Hans nicht, aber Inge hat _____ Auftrag in der Tasche.

111. Gut! Ich war überzeugt, sie würde _____ Auftrag bekommen.

112. Herr Meyer, _____ Bemerkung war nicht freundlich!

113. Na gut, dann mache ich eben _____ Bemerkungen mehr!

CHAPTER IV: FAMILIE

ACTIVE VOCABULARY: A AND B TEXTS

Verbs

auf·räumen	to tidy up
auf·wachsen (ä), u, a (+ sein)	to grow up
bezeichnen (als)	to characterize (as)
ergänzen	to add
erziehen, o, o	to educate
heiraten	to marry
sich kümmern um	to take care of
mit·nehmen (i), a, o	to take along
prüfen	to examine
sich scheiden lassen (ä), ie, a	to get divorced
schieben, o, o	to push
verzichten auf	to renounce

Nouns

die Anerkennung, -en	recognition
der Anteil, -e	share
die Bevölkerung	population
die Bezeichnung, -en	designation
das Ehepaar, -e	couple
der Einwohner, -	inhabitant
das Einzelkind, -er	only child
der Elternteil, -e	parent
die Folge, -n	consequence
das Gericht, -e	(law), court

die Geschwister	siblings
der Großvater, ̈	grandfather
die Heirat, -en	marriage
der Jugendliche, -n	youth
der Kinderwagen, -	baby carriage
der Mitarbeiter, -	co-worker
der Neffe, -n	nephew
die Nichte, -n	niece
die Scheidung, -en	divorce
der Spaziergang, ̈e	walk, stroll
das Spielzeug, -e	toy
die Steuer, -n	tax
der Vergleich, -e	comparison
das Verhältnis, -se	relationship
der Vetter, -n	cousin
der Verwandte, -n	relative
der Vorname, -n (-ns)	first name
die Witwe, -n	widow
der Witwer, -	widower

Other Words

geschieden	divorced
getrennt	separated
kinderlos	childless
kinderreich	with many children
ledig	single
selbständig	independent
stolz	proud
verheiratet	married
verwitwet	widowed

133–137 1. *Add the article and the plural ending to each noun. Underline the nouns belonging to the strong declension.*

a. _____ Anerkennung _____ _____ Anteil _____ _____ Großvater _____ _____ Witwe _____

b. _____ Ehepaar _____ _____ Einwohner _____ _____ Folge _____ _____ Gericht _____

c. _____ Mitarbeiter _____ _____ Bezeichnung _____ _____ Jugendliche _____

d. _____ Tante _____ _____ Scheidung _____ _____ Spaziergang _____ _____ Neffe _____

e. _____ Kinderwagen _____ _____ Verantwortung _____ _____ Beobachtung _____

f. _____ Witwer _____ _____ Einzelkind _____ _____ Vorname _____ _____ Vortrag _____

g. _____ Elternteil _____ _____ Onkel _____ _____ Verhältnis _____ _____ Kusine _____

h. _____ Familie _____ _____ Vergleich _____ _____ Nachbar _____ _____ Mädchen _____

i. _____ Geschwister _____ _____ Ehemann _____ _____ Ehefrau _____ _____ Heirat _____

j. _____ Verwandte _____ _____ Spielzeug _____ _____ Freundin _____ _____ Steuer _____

k. _____ Bevölkerung _____ _____ Onkel _____ _____ Vetter _____ _____ Tochter _____

138–140 2. *Mark the nouns from the previous exercise belonging to the weak declension.*

141–143 3. *Now write any nouns of the mixed or special declension with their genitive singular and their plural.*

_____

_____

144–148 4. *Write any nouns from the list which occur only in the singular or only in the plural.*

_____

150–152 *Complete each statement with the predicate nominative suggested. (Adjective endings will be -e.)*

5. Das scheint mir _____ zu sein. *(a good observation)*

6. Ist das _____ ? *(the lonely widower)*

7. Nach der Heirat waren wir _____ . *(the new couple)*

8. Ist Hans _____ von diesem Kind? *(the grandfather)*

9. Herr Roth wird _____ . *(our co-worker)*

10. Früher war er _____ unserer Stadt. *(an inhabitant)*

11. Das ist wirklich _____ . *(the best toy)*

12. Das Wort „kinderreich" ist _____ . *(a good designation)*

13. _____ unseres Sohns ist Jon.   *(the first name)*

14. Leider war Helga ihr ganzes Leben _____ .   *(an only child)*

Replace the underlined phrases with the phrases cued, followed by a predicate nominative. (Adjective endings will be -e.)

15. <u>Sie erzogen Karl als</u> den einzigen Sohn.   (er wuchs auf als)

_____

16. <u>Er bezeichnete ihn als</u> seinen Neffen.   (das war)

_____

17. <u>Wir wollen</u> unseren Anteil.   (das ist)

_____

18. <u>Hier fanden wir</u> das intimste Verhältnis.   (das sah aus wie)

_____

19. <u>Sie nannten ihn</u> den stolzen Onkel.   (er blieb immer)

_____

20. <u>Man bezeichnet ihn als</u> den klügsten Jungen.   (er gilt als)

_____

21. <u>Wir fanden das</u> den nettesten Spaziergang.   (das war)

_____

22. <u>Nannten Sie das</u> den interessantesten Vortrag?   (war das?)

_____

23. <u>Wir sehen</u> deine Heirat <u>als</u> einen Fehler.   (deine Heirat ist)

_____

Auf dem Spaziergang.

153   Complete each statement with the direct object suggested.

24. Wollt ihr _____ mit uns machen?   (ein Spaziergang)

25. Ja, aber zuerst räumen wir _____ auf. (der Hobbyraum)

26. Dafür bekommt ihr _____ . (unsere Anerkennung)

27. Schieb bitte _____ ! (der Kinderwagen)

28. Kennen Sie _____ da drüben? (der ledige Jugendliche)

29. Meine Tochter möchte _____ heiraten. (dieser Mann)

30. Aber wir bezeichnen diese Heirat als _____ . (ein Fehler)

31. Sehen Sie denn _____ ? (schlechte Folgen)

32. Der Kerl will nie _____ bezahlen. (seine Steuern)

33. Dann müssen Sie _____ genau prüfen. (seine Verhältnisse)

154–155 Complete each statement with a double accusative construction.

34. Mathildes Tod machte _____ .
    (ihr Ehemann/ein Witwer)

35. Die Ehe wird _____
    lehren. (dieser Jugendliche/wirkliche Verantwortung)

36. Und Sie nennen _____ ?
    (diese netten Leute/ein kinderloses Ehepaar)

37. Unsere Anerkennung macht _____ .
    (die junge Witwe/eine produktive Mitarbeiterin)

38. Der Krieg kostete _____ .
    (mein Neffe/sein Freund)

39. Das Gericht fragte _____ .
    (mein Großvater/ein Haufen Fragen)

Heirat/Scheidung

*156 Replace each underlined expression of time with an accusative of definite time. (Adjective endings will be -**en**.)*

> <u>Am vorigen Montag</u> feierten wir unsere Heirat.
> ***Vorigen Montag* feierten wir unsere Heirat.**

40. <u>Im letzten Herbst</u> hat Susanne geheiratet.

    _____

41. <u>In jedem freien Moment</u> kümmerte sie sich um ihren Mann.

    _____

42. <u>An jedem Wochenende</u> machten sie Spaziergänge zusammen.

    _____

43. Aber <u>im vorigen Winter</u> lebten sie schon getrennt.

    _____

44. Und <u>am ersten März</u> will sie die Scheidung vorschlagen.

    _____

45. <u>Im kommenden Sommer</u> läßt sie sich bestimmt scheiden.

    _____

46. <u>Beim nächsten Mai</u> wird sie ihren Partner besser prüfen.

    _____

Die Richterin

*Complete each statement with the accusative of duration or measure. (Adjectives after **die** and **das** end in -e; after **den** in -en.)*

    Sie war _____ nicht zu Hause.   (der ganze Tag)
    Sie war *den ganzen Tag* nicht zu Hause.

47. Die Richterin war _____ verheiratet. (das ganze Leben)

48. Sie wollte nicht mehr als _____ von ihrer Familie getrennt
    sein. (ein Tag)

49. Aber das Gericht tagte immer _____ . (der ganze Monat)

50. Manchmal dauerten die Vorträge _____. (der ganze
    Vormittag)

51. Dann schob die Richterin alle Papiere _____ weit von sich.   (ein Meter)

52. Aber sie wollte _____ auf ihren Beruf verzichten.   (kein Augenblick)

157–158 Complete each statement with an accusative as required by the verbal complement.

Endlich bin ich _____ los.   (this guy)
Endlich bin ich diesen Kerl los.

53. Die Witwe war _____ gewohnt.   *(this life)*

54. Ich bin _____
zufrieden.   *(my life as an only child)*

55. Wir sind _____
gewohnt.   *(the recognition of our co-workers)*

56. Meine alten Großeltern sind _____
müde.   *(their relationships)*

57. _____ werden Sie nie los.   *(the consequences of the divorce)*

Auf dem Gericht.

*159 Complete each statement with the indirect object given. (Adjective endings will be **-en**.)*

Wir schrieben _____ viele Briefe.   (die Richterin)
Wir schrieben der Richterin viele Briefe.

58. Das Gericht gab _____ ihren Anteil nicht.   (die alte Witwe)

59. Es schob _____ eine große Summe zu.   (ihre ledigen Kinder)

60. Wir wollten _____ unsere Anerkennung nicht versprechen.   (das Gericht)

61. Aber es hat _____ die Verhältnisse erklärt.   (unsere reichen Verwandten)

62. Wir haben sofort _____ unsere Beobachtungen mitgeteilt.   (alle verheirateten Geschwister)

63. Wir haben auch _____ den Vergleich erklärt.   (unser verwitweter Großvater)

64. Manche Paragraphen mußten wir _____ ergänzen, damit er sie versteht.   (der alte Mann)

65. Am Ende mußten alle Verwandten _____ hohe Steuern zahlen.   (die Stadt)

Unser Mitarbeiter.

*Substitute the dative for the **für**-construction. Observe the change in word order. (Adjective endings will be -en.)*

> Keine Arbeit ist zu schwer *für ihn*.
> **Keine Arbeit ist *ihm* zu schwer.**

66. Kein Tag war lang genug für meinen selbständigen Mitarbeiter.

_____

67. Er räumte sogar die Zimmer für seine Nichten und Neffen auf.

_____

68. Er schob auch den Kinderwagen für irgendeine müde Frau.

_____

69. Aber für den Chef schien er nicht erfolgreich genug.

_____

70. Und für andere Leute war er ein bißchen zu stolz.

_____

160–161   Express in English. Observe the use of the ethical dative in German.

71. Wolfgang, heirate mir aber bestimmt eine selbständige Frau!

_____

72. Töchter, bleibt mir nur nicht ledig!

_____

73. Daß uns auch niemand auf Kinder verzichtet!

_____

71

74. Und daß mir jeder seinen Führerschein prüft!

Ein schlechter Chef.

162   Complete each statement with a dative object as required by the verb.

Wir verdanken _____ nichts.   (dieser Mann)
Wir verdanken diesem Mann nichts.

75. Er gratuliert _____ .   (alle Einwohner)

76. Warum antwortet _____ denn kein Mitarbeiter?   (er)

77. Weil sie _____ mißtrauen.   (dieser Mann)

78. Er hat _____ nie geholfen.   (seine Arbeiter)

79. Sie haben alle _____ treu gedient.   (ihre Firma)

80. _____ gefallen die Verhältnisse nicht.   (die Leute)

164   Complete each statement with a dative object as required by the adjective.

Solche Probleme sind _____ gemeinsam.   (beide Elternteile)
Solche Probleme sind beiden Elternteilen gemeinsam.

81. In dieser Stadt bin ich _____ befreundet.   (viele Einwohner)

82. Wenige aus der Bevölkerung sind _____ fremd.   (ich)

83. Ihre Namen und Vornamen sind _____

_____ gleichgültig.   (ich und meine Verwandten)

84. Die Kinder sehen _____ ähnlich.   (beide Eltern)

85. Wenn man sie nicht erkennt, sind sie _____ böse.   (man)

Fragen, Fragen.

165–167   Complete each statement with a possessive phrase. (Adjective endings will be -en.)

Den Nachnamen _____ bitte!   (ihr Neffe)
Den Nachnamen ihres Neffen bitte!

86. Wie hoch ist die Zahl _____ in dieser Stadt?   (die ledigen Einwohner)

87. Kümmert sich jemand um die Interessen _____

    _____ ? (die geschiedenen Frauen)

88. Was wissen Sie über das Verhältnis _____ zueinander? (Paul und Paula)

89. Welche Folgen ergeben sich aus der Scheidung _____

    _____ ? (die kinderreichen Ehepaare)

90. Wer soll die Geschwister _____ erziehen? (Barbara)

91. Was bezeichnen Sie als die wichtigsten Probleme _____

    _____ ? (die moderne Familie)

92. Wer kann auf die Anerkennung _____ verzichten? (sein Vater)

93. Nur Herr Müller, ein Angestellter _____ , hat Interesse an solchen
    Fragen. (das Gericht)

94. Dann geben Sie mir bitte die Adresse _____ ! (Herr Müller)

Review sentences 86–94 and reverse the order of the possessor and the thing possessed when possible.

   Er schrieb den Namen seines Kindes.
   Er schrieb seines Kindes Namen.

95. _____

96. _____

97. _____

98. _____

168   Express in German. Observe where the genitive is omitted.

99. He bought five pounds of coffee.

    _____

100. She sold many kilos of tomatoes.

_____

101. A group of youths was looking for the judge.

_____

102. He wrote his observations on many pages of paper.

_____

103. The firm gave us three hours of time off. [leisure time]

_____

104. They got divorced at the beginning of November.

_____

169   _Replace the time expressions with a genitive of indefinite time._

    Am Abend schlafen wir schnell ein.
    (Des) Abends schlafen wir schnell ein.

105. *An einem Tag* heiratete er ein stolzes Mädchen.

_____

106. *Am Dienstag* muß ich mich um die Kinder kümmern.

_____

107. *In der Nacht* müssen Sie die Gastzimmer aufräumen.

_____

171–173   _Complete each statement with the suggested verb followed by the object in the genitive._

    Die Alte _____ nicht mehr.   (sich entsinnen/ihre Jugend)
    Die Alte entsinnt sich ihrer Jugend nicht mehr.

108. Der normale Mensch _____ seiner
    Mitarbeiter.   (bedürfen/die Anerkennung)

109. Das Gericht _____ .   (sich enthalten/jede
    Meinung)

110. Er _____   (sich schämen/seine Familie)

74   *Copyright © 1990 Holt, Rinehart and Winston, Inc.*

Complete each statement with the suggested object in the genitive as required by the adjective.

111. Der Jugendliche schien _____ fähig. (kein Gefühl)

112. Mein Vetter war _____ nicht würdig. (sein stolzer Vorname)

113. Wir waren uns _____ bewußt. (die Folgen)

CHAPTER IV: FAMILIE

ACTIVE VOCABULARY: C TEXT

Verbs

aus·füllen	to fill in
bedauern	to regret
beeinflussen	to influence
beugen	to bend
betrügen, o, o	to deceive
blicken (auf)	to look (at)
ein·schlafen (ä), ie, a (+sein)	to fall asleep
erblicken	to see, behold
erwachen	to awaken
fließen, o, o (+sein)	to flow
gehorchen	to obey
hassen	to hate
sich schämen	to be ashamed
spüren	to feel; to sense
stolpern	to stumble
sich stützen auf	to prop oneself up on
veranlassen	to cause
verlangsamen	to slow down
verzweifeln	to despair
winken	to wave
zögern	to hesitate
zwingen, a, u	to force

Nouns

der Atem (-s)	breath
die Ausnahme, -n	exception
der Betrug (-s)	deception
die Decke, -n	cover
das Elend (-s)	misfortune
die Entscheidung, -en	decision
der Erzieher, -	educator
die Faust, ⸚e	fist
der Fremde, -n	stranger
das Geräusch, -e	noise
die Gerechtigkeit	justice
die Hoffnung, -en	hope
der Kerl, -e	fellow
das Mitleid (-s)	compassion
die Schulter, -n	shoulder
die Verantwortung, -en	responsibility
das Verhalten (-s)	behavior
der Vertreter, -	representative
die Vorschrift, -en	instruction, rule
die Wärme	warmth

Other Words

bereits	already
berühmt	famous
enttäuscht	disappointed
lächerlich	ridiculous
merkwürdig	strange
übrigens	by the way

132–137.   1.   *Add the article and the plural ending to each noun. Underline the nouns belonging to the strong declension.*

a. _____ Enkel _____ _____ Mitleid _____ _____ Verhalten _____ _____ Erzieher

b. _____ Atem _____ _____ Schulter _____ _____ Gerechtigkeit _____ _____ Sohn _____

c. _____ Decke _____ _____ Elend _____ _____ Entscheidung _____ _____ Faust _____

d. _____ Fremde _____ _____ Wärme _____ _____ Kerl _____ _____ Verantwortung _____

e. _____ Ausnahme _____ _____ Betrug _____ _____ Mutter _____ _____ Familie _____

f. _____ Tochter _____ _____ Hoffnung _____ _____ Kusine _____ _____ Eltern _____

g. _____ Fräulein _____ _____ Bekannte _____ _____ Herr _____ _____ Dame _____

h. _____ Kleine _____ _____ Nachbar _____ _____ Geräusch _____ _____ Vertreter _____

138–140 2. *Mark the nouns from the previous exercise belonging to the weak declension.*

141–143 3. *Now write any nouns of the mixed or special declension with their genitive singular and their plural.*

_____

_____

145–146 4. *Write any nouns from the list which occur in the plural or in the singular only.*

_____

_____

Mutter und Sohn.

150–152 *Complete each statement with the predicate nominative suggested. (Adjective endings will be -e.)*

5. Diese Frau scheint _____ zu sein. *(a good mother)*

6. Deshalb ist ihr Sohn _____ . *(the happiest child)*

7. Er wollte immer _____ bleiben. *(the best pupil)*

8. Es war _____ . *(the strangest behavior)*

9. Der Junge schien nicht mehr _____ zu sein. (her son)

10. Sie hofft aber, daß er bald wieder _____ wird. *(the dear child)*

Restate each sentence, using the suggested verb followed by a predicate nominative. (Adjective endings will be -e.)

11. Man *nannte ihn* den Fremden. (er blieb immer)

_____

12. Wir *erblickten in ihm* den besten Erzieher.   (er wurde)

_____

13. Später *fanden wir ihn* den lächerlichsten Kerl.   (er schien uns)

_____

14. Wir *nannten ihn* sogar einen Betrüger.   (er war vielleicht)

_____

15. *Bedauern Sie* das *als* das wirkliche Elend?   (Was ist denn)

_____

Wenn man kein Zimmer bekommt.

153   Complete each statement with the direct object suggested.

16. Der Wirt hatte _____ sofort erblickt.   (der Fremde)

17. Füllen Sie bitte _____ aus.   (das Formular)

18. Der Fremde hatte _____ bestellt.   (ein Einzelzimmer)

19. Aber ein Vertreter hatte _____ bekommen.   (dieser Raum)

20. Der Mann nannte das _____ .   (ein Betrug)

21. Natürlich bedauert das Hotel _____ .   (der Fall)

22. Man versuchte, _____ zu beeinflussen.   (der Wirt)

23. Aber der machte _____ .   (keine Ausnahmen)

24. Das Verhalten des Hotels erschreckte _____ .   (der Gast)

25. Der enttäuschte Mann haßte aber _____ .   (jedes Mitleid)

*154–155   Complete each statement with a double accusative. (Adjectives after **die/das** end in **-e**, after **den/einen** in **-en**.)*

Wir nannten _____ .   (dieser Junge/ein netter Kerl)
Wir nannten diesen jungen einen netten Kerl.

26. Wir finden _____ .
    (dein Betrug/ein großer Fehler)

Copyright © 1990 Holt, Rinehart and Winston, Inc.

27. Großes Elend lehrt _____.
    (der Mensch/Mitleid)

28. Gute Erzieher lehren _____ _____.
    (ihre Schüler/das richtige Verhalten)

29. Die neue Vorschrift kostet _____.
    (dieser Vertreter/sein Beruf)

30. Der Portier nannte _____.
    (der Fremde/ein vorsichtiger Mann)

31. Der kleine Kerl fragte _____.
    (sein Vater/etwas Merkwürdiges)

32. Wir erkannten _____.
    (der Mann/als unser Vertreter)

Der winkende Junge.

156 *Replace each underlined expression of time with an accusative of definite time.*

      <u>An manchen Tagen</u> weint er nur.
      Manche Tage weint er nur.

33. Unser Junge erwacht oft dreimal <u>in der Nacht</u>.

    _____

34. Einmal <u>in der Woche</u> geht er an den Zug.

    _____

35. Auch <u>an diesem Morgen</u> winkte der Kleine.

    _____

36. Und <u>an diesem Tag</u> winkte jemand zurück.

    _____

37. <u>Nur in diesem Moment</u> war der kleine Kerl glücklich.

    _____

38. <u>In der Nacht danach</u> konnte er ganz leicht einschlafen.

_____

Als der Nachtportier müde war.

Complete each statement with the accusative of duration or measure suggested.

      Er arbeitet _____ . (der ganze Tag)
      Er arbeitet den ganzen Tag.

39. Die Schultern des Mannes schienen _____ breit. (ein Meter)

40. _____ stützte er sich auf meine Schulter. (ein Moment)

41. _____ spürte ich seinen Atem. (eine Weile)

42. Ich konnte _____ eine angenehme Wärme fühlen. (der Rest des Abends)

43. Der Mann zögerte _____ lang. (ein Augenblick)

44. _____ verlangsamte er sein Arbeitstempo. (jeder Tag)

158 *Complete each statement with the accusative required by the verbal complement. (Adjective endings will be -en.)*

      Die Firma möchte _____ los werden. *(this strange representative)*
      Die Firma möchte diesen merkwürdigen Vertreter los werden.

45. Der Arzt war _____ des Kranken gewohnt. *(the quick breath)*

46. Jetzt sind wir _____ wirklich müde. *(the noise)*

47. Wann sind wir _____ los? *(the strange fellow)*

48. Das Hotelzimmer war _____ wert. *(this price)*

49. Die meisten Fremden sind _____ gewohnt. *(no exceptions)*

Die Großeltern wollen ihrem Enkel helfen.

159 *Complete each statement with the indirect object suggested.*

      Er gab _____ keine Antwort. (sie)
      Er gab ihnen keine Antwort.

50. Der Kleine hatte wieder _____
gewinkt.   (die Leute im Zug)

51. Die Großeltern erzählten _____ von ihrem
Enkel.   (ein Erzieher)

52. Sein Verhalten gab _____ wenig
Hoffnung.   (die beiden Großeltern)

53. Der Erzieher erklärte _____ , was man gegen so
ein Elend tun kann.   (der Großvater)

54. Er gab übrigens auch _____ einige
Vorschriften.   (die Großmutter)

55. Sie sollte _____ ihr Mitleid nicht zeigen.   (der Enkel)

56. Da blickte sie _____ enttäuscht in die Augen.   (ihr Mann)

Im Hotelzimmer.

*Substitute the dative for the **für**-construction, observing the change in word order.*

> Das ist zu schwer für meinen Sohn.
> **Das ist *meinem Sohn* zu schwer.**

57. Die Decke hier ist zu kurz für Herrn Schwamm.

_____

58. Die Geräusche im Zimmer waren auch zu laut für ihn.

_____

59. Das Zimmer war still genug für den anderen Gast.

_____

60. Diese Entscheidung kam ganz unerwartet für beide Männer.

_____

Im Hotelzimmer.

162 Complete each statement with a dative object as required by the verb. (Adjectives will end in *-en*.)

Der Gast dankte ———————————— . (der Portier)
Der Gast dankte dem Portier.

61. Herr Schwamm antwortete ———————————— nicht. (der andere Gast)

62. Dessen Verhalten gefiel ———————————— gar nicht. (der müde Mann)

63. Heute war er schon ————————————————————
begegnet. (zuviele merkwürdige Menschen)

64. Nun stolperte er auch noch über die Koffer, die ————————————————————

———————————— gehörten. (der Mann im Bett)

65. Er folgte ———————————— und fand sein Bett. (die Worte des Fremden)

66. Die Wärme des Zimmers half ———————————— einzuschlafen.
(beide müde Gäste)

164 Complete each statement with a dative object as required by the adjective.

Sind alle Kinder ——————— so undankbar? (ihre Eltern)
Sind alle Kinder ihren Eltern so undankbar?

67. Die Wärme des Zimmers war ——————— angenehm. (die Gäste)

68. Was der Fremde in der Stadt wollte, war ——————— ganz gleichgültig.
(Herr Schwamm)

69. Der Wunsch nach einer ruhigen Nacht war ——————— gemeinsam. (beide Männer)

70. Ob Herr Schwamm einschlafen konnte, war ——————— gleich. (der Fremde)

71. Jedes Mitleid war ——————— fremd. (dieser Mann)

72. Ist es ——————— nicht möglich, sein Verhalten zu ändern? (er)

165–167 Complete each statement with a possessive phrase.

73. Herr Schwamm verlangsamte das Tempo ———————— . (sein Wagen)

74. Als er ausstieg, mußte er sich auf die Schulter ———————— stützen.
(sein Enkel)

82

75. In der Hotelhalle stolperte er über die Koffer _____.   (ein Gast)

76. Als sie in das Zimmer _____ kamen, schlief der bereits.   (Herr Müller)

77. Er hatte die Decke _____ über den Kopf gezogen.   (sein Bett)

78. Der Enkel bedauerte das Verhalten _____.
     (sein Großvater)

79. Er schien kein Mitleid für das Elend _____
     zu haben.   (die Menschen)

80. Man kann an der Gerechtigkeit _____ verzweifeln.   (die Welt)

Review sentences 73–80 and reverse the order of the possessor and the thing possessed when possible.

  Er mußte sich auf die Schulter seines Sohnes stützen.
  Er mußte sich auf *seines Sohnes Schulter* stützen.

81. _____

82. _____

83. _____

Ankunft im Hotel.

168 Express in German. Observe when the genitive is omitted.

  A number of cars slowed down.
  Eine Anzahl *Wagen* verlangsamte das Tempo.

84. A number of people got out and went into the hotel.

  _____

85. A man asked for a cup of coffee, another for a glass of wine.

  _____

86. Then they had to fill out *a lot* of *(eine Menge)* papers.

  _____

87. They also had to read many pages of instructions.

_____

88. In their room they found a number of suitcases.

_____

169 *Replace the time expressions with a genitive of indefinite time.*

    Am Morgen erwachen wir immer schnell.
    (Des) *Morgens* **erwachen wir immer schnell.**

89. *An einem Morgen* erblickte er die Leute im Zug.

_____

90. *An einem Abend* gehorchte er seinem Vater nicht.

_____

91. *An einem Tag* winkte wirklich jemand zurück.

_____

92. *In einer Nacht* erwachte er von einem Geräusch.

_____

Restate the following adverbial phrases as genitives, omitting the preposition. Translate the resulting adverbs.

    um Mitternacht _____
    mitternachts *(at midnight)*

93. am Anfang _____

94. in der Nacht _____

95. im Winter _____

96. zum ersten _____

97. zum zweiten _____

98. zum mindesten _____

99. auf jeden Fall _____

171   Form statements with the suggested object in the genitive as required by the verb.

100.   er/sich schämen/sein Verhalten?

_____

101.   du/dich entsinnen/deine Enttäuschung?

_____

102.   wir/endlich/gewahr werden/der Betrug

_____

103.   er/sich nicht erinnern/seine Verantwortung

_____

104.   wir/bedürfen *(need)*/genaue Vorschriften

_____

173   Complete each statement with the suggested object in the genitive as required by the adjective.

Die müden Gäste _____.
(nicht gewahr sein/das laute Geräusch)
**Die müden Gäste waren des lauten Geräusches
nicht gewahr.**

105.   Ist er wirklich _____?
(schuldig sein/ein Betrug)

106.   Das Elend vieler Menschen_____.
(wert sein/unser Mitleid)

107.   Das enttäuschte Kind _____.
(fähig sein/keine Hoffnung mehr)

108.   Dürfen wir _____?
(sicher sein/eure Gerechtigkeit)

CHAPTER V: MITMENSCHEN

ACTIVE VOCABULARY: A, B, AND C TEXTS

Verbs

auf·stehen, a, a (+ sein)	to get up
ein·kaufen	to shop
ein·laden (ä), u, a	to invite
ein·packen	to wrap
empfangen (ä), i, a	to receive
pflegen	to care for, attend to
schenken	to give a present
schweigen, ie, ie	to be silent
in den Sinn kommen, a, o (+ sein)	to occur to
sorgen für	to take care of
verderben (i), a, o	to spoil
verpflichten	to oblige
versprechen (i), a, o	to promise

Nouns

das Amt, ⸗er	office, bureau; position
der Angestellte, -n	employee
die Bedingung, -en	condition
das Dasein (-s)	existence
die Freiheit, -en	freedom
das Gebet, -e	prayer
die Gelegenheit, -en	occasion
die Gemeinde, -n	community, parish
das Geschenk, -e	present, gift
der Grundsatz, ⸗e	principle
der Gruß, ⸗e	greeting
der Kasten, -	box
das Mißtrauen (-s)	mistrust
die Mühe, -n	effort
die Nachricht, -en	news
der Rand, ⸗er	border
der Schreibtisch, -e	desk
die Sitzung, -en	meeting
der Termin, -e	appointment
die Verpflichtung, -en	obligation
das Vertrauen (-s)	trust
die Wäsche	laundry

Other Words

allgemein	general
bewußt	conscious
unbewußt	unconscious
dankbar	grateful
eigennützig	selfish
freiwillig	voluntary
gepflegt	cared for
hübsch	nice
nötig	necessary
schmal	narrow

174–175   Express in German. Indicate whether these are predicate (P) or attributive (A) adjectives.

1. Mistrust is unnecessary.   (   ) _____

2. We like unselfish employees.   (   ) _____

3. Her parish is ungrateful.   (   ) _____

4. The box is too narrow.   (   ) _____

5. the unconscious prayer . . .   (   ) _____

Über Schwester Agatha.

178–180   Insert attributive adjectives in the singular with weak endings.

> Ihre Verantwortung ist *schwer*.
> **Sie trägt eine *schwere* Verantwortung.**

6. Die Gemeinde von Schwester Agatha ist *groß*. Sie sorgt für eine _____ Gemeinde.

7. Die Schwester hat ein bißchen Freiheit *nötig*. Aber sie nimmt sich die _____ Freiheit nur selten.

8. Ihre Arbeitsbedingungen sind *schwer*. Sie hat eine _____ Arbeit.

9. Sie lebt sehr *ruhig*. Aber sie mag dieses _____ Dasein.

10. Der Schreibtisch in ihrem Arbeitszimmer ist nur *schmal*. An diesem _____ Tisch muß sie viele Stunden arbeiten.

Die grauen Schwestern.

Insert attributive adjectives in the plural with weak endings.

> Das Kleid der Schwestern ist *grau*.
> **Deshalb heißen sie die *grauen* Schwestern.**

11. Viele von ihren Nachbarn sind *arm*. Sie sorgen freiwillig für ihre _____ Nachbarn.

12. Besonders die Alten sind oft *krank* und in Not. Die Schwestern verpflichten sich,

    diesen _____ Menschen zu helfen.

13. Jeder Tag der Schwestern ist *lang und schwer*. Am Ende ihrer _____ Tage sagen sie ihre Gebete.

14. Viele Menschen sind für die Hilfe der Schwestern sehr *dankbar*. Über diese _____ Menschen freuen sie sich.

15. Sie grüßen euch *herzlichst*. Sie senden euch die _____ Grüße.

Insert weak adjective endings in the singular and plural.

16. Wir wünschen dir einen glücklich_____ Geburtstag.

17. Wir hoffen, daß wir dir mit diesem hübsch_____ Geschenk eine klein_____ Freude machen.

18. Ja sehr, vielen Dank für eure freundlich_____ Mühe.

19. Nur die engst_____ Familienmitglieder sind zum Geburtstag eingeladen.

20. Die grau_____ Schwestern sorgen für eine groß_____ Gemeinde von Bettlern.

21. Der Grundsatz, für die ander_____ Menschen dazusein, fordert Stärke.

22. Ihre täglich_____ Gebete geben ihnen das nötig_____ Vertrauen.

23. Sie suchen Gelegenheiten, den arm_____ Menschen zu helfen.

24. Sie sehen das als ihre freiwillig_____ Verpflichtung.

25. Das Vertrauen der Alten macht das schwer_____ Amt leichter.

Der pensionierte Arbeiter.

181–184   Insert strong adjective endings in the singular.

26. „Pensioniert_____ Arbeiter sucht möbiliert_____ Zimmer.“

27. Wegen schwer_____ Krankheit kann er nicht mehr arbeiten.

28. Trotz hoh_____ Alters geht er noch jeden Tag einkaufen.

29. Allen Angestellten dankt er mit freundlich_____ Gruß.

30. Ein eigennützig_____ Dasein gefällt ihm nicht.

31. Er kann ohne persönlich_____ Besitz leben.

32. Aber er braucht freiwillig_____ Hilfe von seinen Nachbarn.

33. Über unbewußt_____ Mißtrauen schweigt er.

34. Für das Geschenk wirklich_____ Vertrauens ist er dankbar.

Geschenke und Mitleid.

Insert attributive adjectives with strong endings in the plural.

> Dieser Mann hier ist nicht *nett*.
> **Ich möchte nur bei *netten* Leuten leben.**

35. Die Grundsätze der *grauen* Schwestern sind *einfach*. Ja, _____

    Schwestern haben _____ Grundsätze.

36. Der Sinn ihres Daseins ist, ein paar Menschen *froh* zu machen; denn es gibt so wenige

    _____ Menschen.

37. *Wartend und schweigend* standen die Leute da; ein ganzes Heer *(army)*

    _____ Bettler.

38. Sind diese Leute alle sehr *arm*? Ja, sie kommen aus mehreren _____
    Gemeinden.

39. Die Schwestern arbeiten immer *schwer*. Aber mit _____ Arbeiten können sie den Gemeinden sehr helfen.

40. Was die Schwestern tun, ist nicht *alltäglich*. Sie sprechen aber immer von _____ Dingen.

41. Auch für Angestellte sind die Arbeitsbedingungen *hart*. Warum müssen sie unter so

    _____ Bedingungen leben?

42. Ist das Schenken nicht *eigennützig*? Ich meine wirklich, wir handeln manchmal aus

    _____ Motiven.

43. Was du eingekauft hast, ist auch viel zu *teuer*. Willst du uns mit _____ Geschenken verpflichten?

44. Ich kenne die Meyers nur *entfernt*; aber für _____ Bekannte sorge ich auch sehr gern.

45. Unsere Kinder sind noch *klein*; aber wenn man _____ Kinder hat, macht das Schenken Spaß.

Insert strong adjective endings in the singular and plural.

46. Sie sollten besser auf Ihr hoh_____ Alter achten, Frau Klein.

47. Machen Sie sich nicht so groß_____ Mühe!

48. Glauben Sie, wir handeln aus unbewußt_____ Mitleid?

49. Antworten Sie doch nicht mit alltäglich_____ Phrasen!

50. Heute erwarten wir den Besuch entfernt_____ Verwandter.

51. Entfernt_____ Verwandte sollen sehen, daß man an sie denkt.

52. Am Rand viel_____ Großstädte gibt es gepflegt_____ Dörfer.

53. Dort hängen hübsch_____ Kästen mit schön_____ Blumen an den Fenstern.

54. Auf ruhig_____ Wohnstraßen sind klein_____ Kinder ganz sicher.

55. Oft wohnen jung_____ Angestellte in diesen gepflegt_____ Orten.

90

Aus der Praxis der Ärztin.

185   *Insert strong or weak adjective endings as required.*

56.   Geben Sie mir den Termin für unsere nächst_____ Sitzung mit der verantwortlich_____ Krankenschwester.

57.   Die jung_____ Ärztin wußte, daß sie ein schwer_____ Amt hatte.

58.   Sie dachte mit groß_____ Sorge an ihre arm_____ Patienten.

59.   Jeden Tag hörte sie traurig_____ Nachrichten aus der Gemeinde.

60.   Alt_____ Frauen wohnten oft lang_____ Zeit in ungepflegt_____ Wohnungen.

61.   Ein schwerkrank_____ Mann konnte ohne fremd_____ Hilfe nicht aufstehen.

62.   Von wem empfängt er seine täglich_____ Injektionen?

63.   Wer soll alle diese krank_____ Menschen pflegen?

64.   Da kamen der Ärztin die grau_____ Schwestern in den Sinn.

65.   Durch ihr uneigennützig_____ Dasein geben sie ander_____ Menschen besser_____ Lebensbedingungen.

66.   Alle Schwestern haben drei grau_____ Kleider in ihrem Besitz.

67.   Mit kräftig_____ Händen sorgen sie für viel_____ Patienten.

68.   Krank_____ Menschen schenken ihnen das nötig_____ Vertrauen.

69.   Schwach_____ Tage sind bei den grau_____ Schwestern selten.

70.   Nur bewußt_____ Mißtrauen kann ihnen den Tag verderben.

71.   Mißtrauisch_____ Menschen führen oft ein einsam_____ Dasein.

72.   Hätten Sie die nötig_____ Zeit, ander_____ Menschen zu pflegen?

73.   Die Ärztin verspricht uns ander_____ freiwillig_____ Helfer.

74.   Sie verpflichten sich aus uneigennützig_____ Grundsätzen.

75. Nach der lang_____ Sitzung sitzt die Ärztin allein an ihrem schmal_____ Schreibtisch.

186–197 Spell out the cardinal numbers.

76. Die Gemeinde zählt etwa _____ Menschen. (11 500)

77. Der Besitz hat einen Wert von _____ Mark. (1 750 000)

78. Sollen wir _____ oder _____ Teller kaufen? (12) (24)

79. Die Kästen mit den Blumen kosten _____. (DM 18,97)

80. Sie hat mir _____ Geschenke versprochen; aber bis jetzt habe ich

nur _____ empfangen. (3) (1)

Spell out the numbers and add adjective endings.

81. Wir sorgen für _____ krank_____ Senioren. (50)

82. Auf dem Schreibtisch lagen über _____ persönlich_____
Briefe. (30)

83. Von etwa _____ wichtig_____ Terminen kam er nur zu

_____. (15) (1)

84. _____ im Monat laden wir unsere _____ best Freunde
ein. (3X) (12)

85. _____ die Woche hat Frau Klein Gelegenheit, im Supermarkt
einzukaufen. (2X)

198–206 Spell out the ordinal numbers, the percentages, and the corresponding fractions.

86. Ihre _____ _____ Sorge gilt den Nachbarn. (1.)

87. Im Lauf des _____ Tages starb der Kranke. (2.)

88. Wir laden Sie zur Sitzung am _____ ein. (27.V.)

89. Die Nachricht kam am _____ Tag. (7.)

90. Du hast mir das bereits zum _____ Mal versprochen. (3.)

91. Diese Frau ist am _____ geboren. (1.VII.1924)

92

92. Am _____ war der _____
    Weltkrieg in Europa zu Ende.   (9.V.1945)   (2.)

93. Der Termin ist am _____ .   (16.VIII.)

94. Weniger als _____ der Arbeiter kamen freiwillig.   (⅓)

95. _____ des Besitzes gehört meinen Verwandten.   (½)

96. Jede _____ Stunde muß sie aufstehen.   (¼)

97. In einer _____ Stunde ist die Wäsche gewaschen.   (¾)

98. In der Sitzung schwiegen über _____

    oder _____ der Teilnehmer.   (20%)   (⅕)

99. In einer _____ Stunde bin ich wieder im Amt.   (½)

100. Etwa _____ oder _____
     der Gemeinde berichten, daß sie täglich ein Gebet sprechen.   (³⁄₁₀)   (30%)

Schwester Agathes Tagesplan.

207–211   Spell out the time, using various forms of expression.

> 5:15—Aufstehen
> **(ein) Viertel nach fünf—Aufstehen**
> fünf Uhr fünfzehn—Aufstehen

a. 6:00 Gebet in der Kapelle _____

b. 6:45 Frühstück _____

c. 7:30 Sitzung mit der Ärztin _____

d. 8:00 mit dem Auto in die Stadt _____

e. 9:00 bis 12:00 Hausbesuche in der St. Hedwigsgemeinde _____

_____

f. 12:10 bis 12:50 Mittagspause _____

_____

g. 12:50 bis 14:30 Bürostunde _____

_____

h. 14:30 bis 17:30 Hausbesuche usw. (einkaufen, Ämter besuchen, verschiedene Termine _____

_____

i. 18:30 Gottesdienst _____

j. 19:15 Abendessen _____

k. 20:05 Freizeit _____

213–220 Substitute the correct form of the indefinite numerical adjective and adjust other adjective endings as required.

Warum sind *keine alten* Freunde hier?   (nur so wenig-)
Warum sind nur so *wenige alte* Freunde hier?

102. Sieh nur, *die schönen* Geschenke!   (so viel-)

_____

103. Nur *manche treuen* Angestellt*en* blieben im Amt.   (wenig-)

_____

104. Sie werden von *den grauen* Schwestern gepflegt.   (ander-)

_____

105. Eine Therapeutin sorgt für *die positiven* Kontakte im Krankenhaus.   (viel-)

_____

106. *Drei freiwillige* Helfer machten die Wäsche.   (die beid-)

_____

107. Es gibt *manche guten* Gelegenheiten zum Einkaufen.   (einig-)

_____

94

108.   Die Patienten empfangen *einige wichtige* Nachrichten sofort.   (alle)

_____

109.   *Tägliche* Sorgen kommen ihnen nicht in den Sinn.   (die vielen)

_____

221–226   Replace the underlined phrases with the adjectival nouns suggested.

    Was <u>wichtig</u> ist, hat sie schon erledigt.   (viel W-, alles W-)
    Viel Wichtiges/alles Wichtige hat sie schon erledigt.

110.   Die Schwestern sorgen für alles, <u>was nötig ist</u>.   (alles N-, viel N-)

_____

111.   Wir senden euch <u>liebe Grüße.</u>   (viel L-, alles L-)

_____

112.   Er handelt aus <u>unbewußten Motiven</u>.   (etwas U-)

_____

113.   Pack nur ein, <u>was warm ist</u>.   (alles W-, etwas W-)

_____

114.   Sie hat mir <u>teure Sachen</u> geschenkt.   (viel T-, nichts T-)

_____

Fill in the endings of the adjectival and verbal nouns.

    Bist du mit Joachim verwandt? Ja, er ist mein _____ .
    Ja, er ist mein Verwandter.

115.   Ist dir Herr Müller *bekannt*? Ja, er ist ein _____ .

116.   Wenn wir *stark* sind, sollen wir auf *schwache* Menschen achten.

    Ja, die _____ sollten immer auf

    die _____ achten.

                95

117. Unsere Angestellten arbeiten alle *freiwillig*; das ist ihre Stärke. Natürlich, die Stärke der

_____ kennen wir!

118. Warum *beschenkt* ihr so viele Freunde? Weil wir allen diesen

_____ eine Freunde machen wollen.

CHAPTER V: MITMENSCHEN

ACTIVE VOCABULARY: D TEXT

Verbs

an·gehen, i, a	to concern s.o.
aus·steigen, ie, ie (+ sein)	to get out, get off
behandeln	to treat
bemerken	to notice
bremsen	to brake
entdecken	to discover
sich ereignen	to happen
Gas geben (i), a, e	to accelerate
kriegen	to get
melden	to report
schwitzen	to sweat
unterscheiden, ie, ie	to distinguish
vergehen, i, a (+ sein)	to pass (time)
verunglücken (+ sein)	to have an accident
vor·kommen, a, o (+ sein)	to happen
wetten	to bet
zittern	to tremble

Nouns

der Ärger (-s)	annoyance, trouble
die Beziehung, -en	relationship
die Gewalt, -en	force
die Nummer, -n	number
der Reifen, -	tire
der Stamm, ⸚e	trunk
das Steuer, -	steering wheel
der Tote, -n	dead
der Unfall, ⸚e	accident
der Zeuge, -n	witness

Other Words

alltäglich	everyday
dringend	urgent
feucht	damp, wet
gewöhnlich	ordinary
kindisch	childish
scheu	shy
unbedingt	absolutely
unterwegs	on the way
verärgert	annoyed

174–177   Express in German. Indicate whether adjectives are attributive (A) or predicate (P).

1. We saw an everyday accident.

    (   ) _____

2. It happened on (the) Ochsenfurt Street.

    (   ) _____

3. The road was wet.

    (   ) _____

4. The driver was an ordinary citizen.

    (   ) _____

5. He was annoyed.

    (   ) _____

Nach dem Unfall.

178–180   Insert attributive adjectives in the singular with weak endings.

6. Der Arzt kam von einem dringend_____ Besuch.

7. Er hatte eine Frau im viert_____ Stock behandelt.

8. Der Unfall ereignete sich am früh_____ Morgen.

9. Der Fahrer hatte die scharf_____ Kurve nicht gekriegt.

10. Ein Wagen mit einem jung_____ Fahrer war auch unterwegs.

11. Der jung_____ Mann entdeckte den verunglückt_____ Wagen.

12. Als er ausstieg, bemerkte er das feucht_____ Gras.

13. Er war der erst_____ Zeuge und meldete die Nummer des kaputt_____ Autos.

14. Als er Gas gab, dachte er noch an den schrecklich_____ Unfall.

Alle fahren am Unglückswagen vorbei.

Insert weak adjective endings in the plural.

15. Alle vorbeifahrend_____ Wagen gaben Gas.

16. Sie hätten die beid_____ Toten unbedingt sehen müssen.

17. Die dick_____ Hände eines Fahrers schwitzten, denn wegen seiner abgefahren_____ Reifen hatte er Angst vor der Polizei.

18. Er machte immer die dümmst_____ Entschuldigungen.

Der Polizist.

Insert weak adjective endings in the singular and plural.

19. Ein Polizist schrieb einen dringend_____ Bericht über den tödlich_____ Unfall.

20. Das Unglück hatte sich auf einer feucht_____ Straße ereignet.

21. Der Polizist machte sich keine besonder_____ Gedanken darüber.

22. Die meist_____ alltäglich_____ Unfälle gehen nur seinen Chef an.

23. Zu dem hat er keine freundschaftlich_____ Beziehungen.

24. Denn er kann die alltäglich_____ nicht von den ungewöhnlich_____ Unfällen unterscheiden.

25. Der Polizist hatte bemerkt, daß der tot_____ Fahrer noch am Steuer saß.

26. Er schwitzte, als er den verunglückt_____ Wagen ansah.

27. Dann schrieb er die falsch_____ Autonummer in seinen Bericht.

28. Er meldete das eigennützig_____ Verhalten der ander_____ Autofahrer.

Nach dem Hausbesuch.

181–184 Insert strong adjective endings in the singular.

29. Dr. Grün war ein berühmt_____ Arzt.   (nom)

30. Er lebte als normal_____ Bürger in seiner Heimatstadt.   (nom)

31. Heute abend mußte er noch ein krank_____ Kind behandeln.   (acc)

32. Der Krankenbesuch brachte ihm aber groß_____ Ärger.   (acc)

33. Er machte die Haustür mit groß_____ Gewalt zu.   (dat)

34. Dann stieg er in sein alt_____ Auto.   (acc)

35. Mit verärgert_____ Gesicht gab er Gas.   (dat)

36. Da kam ihm ein grün_____ Wagen entgegen.   (nom)

37. Am Steuer saß ein älter_____ Herr.   (nom)

38. Er fuhr mit groß_____ Geschwindigkeit in die Kurve.   (dat)

Die Werke eines Malers.

Insert attributive adjectives in the plural with strong endings.

39. Würden Sie Wilhelm Buschs Werke *volkstümlich* nennen? Ja, besonders viele

    _____ Malereien.   (acc)

40. Er beschreibt das Milieu der Menschen als *gewöhnlich*. Kennt er denn das Milieu

    _____ Menschen?   (gen)

41. Seine Situationen sind ganz *alltäglich*. Warum arbeitet er mit _____
    Situationen?   (dat)

42. Sehen seine Bürger *zufrieden* aus? Nein, _____ Bürger zeichnet er
    überhaupt nicht.   (acc)

43. Glauben Sie, dieser Humorist ist *unsterblich*? Ich weiß nur, daß er

_____ Typen gezeichnet hat. (acc)

Unfallgeschichte.

Insert strong adjective endings in the singular and plural.

44. Wer muß unbedingt auf feucht_____ Straßen unterwegs sein? (dat)

45. Bei so schrecklich_____ Wetter vergeht die Lust am Fahren. (dat)

46. Auf spiegelglatt_____ Straße wurde ein Wagen aus der Kurve getragen. (dat)

47. Mit groß_____ Geschwindigkeit fuhr er in einen Baumstamm. (dat)

48. Auf trocken_____ Stellen der Straße konnte man noch bremsen. (dat)

49. Der verunglückte Wagen hatte ganz abgefahren_____ Reifen. (acc)

50. Der Fahrer hatte feucht_____ Hände, und mit feucht_____ Händen konnte er das Steuer nicht mehr halten. (acc) (dat)

51. Ein Polizeiwagen mit stark_____ Motor war schon unterwegs. (dat)

52. Die Polizisten fuhren langsam, weil langsam_____ Bremsen nicht so gefährlich ist. (nom)

53. Gewöhnlich kommen so schrecklich_____ Unfälle nur selten vor. (nom)

Auf der Autobahn.

185 *Insert weak or strong adjective endings as required.*

54. Bei kalt_____ Wetter will niemand unterwegs sein. (dat)

55. Auf feucht__er____ Straße muß man vorsichtig fahren. (dat)

56. Mit abgefahren_____ Reifen muß man vorsichtig bremsen. (dat)

57. Aber trotz ganz langsam_en____ Fahrens ereignen sich oft sehr schwer_____ Unfälle. (gen) (nom)

58. Das weiß_e____ Auto fuhr an einen dick_en____ Baumstamm. (nom) (acc)

59. Ein schwarz__e___ Wagen kam ihm auf glatt__er____ Straße entgegen. (nom) (dat)

60. Es war ein teur__e___ Wagen mit einer blond_en____ Frau am Steuer. (nom) (dat)

100   *Copyright © 1990 Holt, Rinehart and Winston, Inc.*

61. Die jung__e__ Frau fuhr vorsichtig und mit zitternd__en__ Händen in die

    scharf__e__ Kurve. (nom) (dat) (acc)

62. Vor scharf__en__ Kurven hatte sie schrecklich__en__ Angst. (dat) (acc)

63. Infolge schlecht__en__ Wetters mußte sie langsam fahren. (gen)

64. Mit groß__er__ Mühe brachte sie ihr teur__es__ Auto zum Stehen. (dat) (acc)

65. Mit leis__er__ Stimme bat sie den älter__n__ Mitfahrer auszusteigen. (dat) (acc)

66. Der verärgert__er__ Mann machte kindisch__e__ Entschuldigungen. (nom) (acc)

67. Die Frau sah mit scheu__en__ Blicken auf die Toten. (dat)

68. Aber dann stellte sie ein paar dringend__e__ Fragen. (acc)

186–197 Spell out the cardinal numbers.

69. Der Unfall ereignete sich _____ km außerhalb der Stadt. (13)

70. Der Wagen war mit mäßiger Geschwindigkeit, also etwa _____

    _____ km/h gefahren. (95)

71. Der Arzt hatte die Wagennummer _____

    _____ . (73 38 05)

72. Einen neuen Reifen bekommt man für _____

    _____ . (DM 250,50)

73. Max von der Grün gehört zur Gruppe _____ . (61)

Spell out the cardinal numbers and add adjective endings.

74. Die Zeugen kamen in _____ elegant_____ Wagen. (3)

75. Von den _____ verschieden_____ Autos, die vorbeifuhren,

meldete nicht _____ den Unfall. (19) (1)

76. Kann man die _____ neu_____ Mercedes Modelle voneinander
unterscheiden? (5)

198–206 Spell out the ordinal numbers, the percentages, and the corresponding fractions.

77. Der _____ Wagen bremste nicht. (1.)

78. Der _____ gab Gas, als er in die Kurve ging. (2.)

79. Der Unfall ereignete sich am _____ . (16.II.)

80. Der _____ war ein Montag. (17.IX.)

81. Der Arzt war unterwegs in den _____ Stock. (3.)

82. _____ Gramm ist _____ Kilo oder _____

_____ von einem Kilo. (250) (¼) (25%)

83. _____ oder _____ der Bundesbürger sind jeden
Sonntag unterwegs. (20%) (⅕)

84. _____ oder _____ unserer Urlaubstage sind schon
vergangen. (33,3%) (⅓)

85. Von den Autos, die vorbeifuhren, bemerkten _____

oder _____ den Unfall nicht. (50%) (½)

86. Meistens fängt die Polizei etwa _____ oder _____
der schlechten Fahrer. (75%) (¾)

207–211 Spell out the time, using various forms of expression.

    2:40
    zwei Uhr vierzig
    zwanzig Minuten vor drei Uhr
    fünf Minuten vor dreiviertel drei

87. Um 18:30 ist der Tag eines Polizisten gewöhnlich zu Ende.

88.   Bei Unfällen müssen sie manchmal bis 24:00 arbeiten.

_____

89.   Ihre alltägliche Routine beginnt um 8:30, und um 12:00 machen sie eine Mittagspause. _____

_____

90.   Dieser besondere Unfall ereignete sich um 10:30.

_____

91.   Der erste Wagen fuhr um 10:35 vorbei.

_____

92.   Bis 11:28 kamen viele Autos an der Unglücksstelle vorbei.

_____

93.   Alle diejenigen, die zwischen 10:30 und 11:40 vorbeifuhren, lasen am Montag morgen um 8:25 die Nachricht in der Zeitung.

_____ _____

_____

_____

212–220   Substitute the correct form of the indefinite numerical adjective and adjust other adjective endings as required.

    Alle vorbeifahrenden Wagen haben den Unfall gesehen.   (einig-, ander-)
    Einige/andere vorbeifahrende Wagen haben den Unfall gesehen.

94.   Bei Wilhelm Busch kann man *manche* volkstümlichen Zeichnungen finden.   (viel-, genug)

_____

95.   Im Museum habe ich *seine* unsterblichen Bilder entdeckt.   (einig-, ein paar)

_____

96.   Der Wert *dieser* unsterblichen Zeichnungen ist nicht bekannt.   (viel-, mehrer-)

_____

97. Der Richter hatte *alle* verärgerten Zeugen angehört.   (einig-, ander-)

_____

98. *Die vielen* langweiligen Reden behandelten alltägliche Dinge.   (einig-, die ander-)

_____

99. Sie brachten *die* gewöhnlichen, kindischen Entschuldigungen.   (mehrer-)

_____

100. Bei uns kommen *keine* schweren Unfälle vor.   (wenig-, viel-)

_____

101. Er fuhr durch *alle* scharfen Kurven.   (viel-, die wenig-)

_____

102. Die Reifen *der* alten Autos sind abgefahren.   (viel-, mehrer-)

_____

103. Man fand die *zwei* unbekannten Toten.   (wenig-, noch ander-)

_____

221–226   Rephrase, changing each underlined adjective into an adjectival noun.

Das war ganz <u>schrecklich</u>. Wir hatten etwas _____ gehört.
Wir hatten etwas Schreckliches gehört.

104. Wir hatten die <u>falsche</u> Auskunft bekommen. Der Zeuge hatte uns etwas

_____ gesagt.

105. Alle Reden behandelten <u>alltägliche</u> Probleme. Man redete über

viel _____ .

106. In unseren Zeitungen kann man nicht viele <u>gute</u> Nachrichten entdecken. Man liest

wenig _____ .

107. Der <u>verunglückte</u> Arzt saß noch am Steuer. Im Wagen wurde der

V_____ (ein V_____)
entdeckt.

108.   Der Mann vor uns fährt etwa 25 km/h; so ein Langsam_____!

   L_____ (die L_____) haben
   aber keine Unfälle.

109.   Zwei Männer saßen im Auto: einer war <u>älter</u>, der andere <u>jung</u>. Der

   J_____ wollte unbedingt Gas geben; der

   Ä_____ sagte aber, er sollte bremsen.

CHAPTER VI: HUMOR UND WITZ

ACTIVE VOCABULARY: A TEXT

Verbs

sich beeilen	to hurry
bestehen (aus), a, a	to consist (of)
beurteilen	to judge
dienen	to serve
enthalten (ä), ie, a	to contain
entstehen (aus), a, a (+ sein)	to originate (from)
sich langweilen	to be bored
malen	to paint
rasieren	to shave
schauen	to look
spiegeln	to reflect
vertreten (i), a, e	to represent
verwechseln	to mistake (one thing for another)
wählen	to dial; to select, elect
zerstören	to destroy

Nouns

die Ahnung, -en	notion
die Bildung	education
der Gegensatz, ⸗e	contrast
die Gegenwart	present time
die Gestalt, -en	figure

die Handlung, -en	plot
das Mißverständnis, -se	misunderstanding
der Pfarrer, -	priest, minister
die Pointe, -n	point (of the joke)
die Prüfung, -en	exam
die Puppe, -n	puppet, doll
die Semmel, -n	bread roll
der Spaß, ⸚e	fun
die Stimmung, -en	mood
der Versuch, -e	attempt
das Vorurteil, -e	prejudice
der Witz, -e	joke
das Zentrum, Zentren (-s)	center

Other Words

bequem	lazy, indolent; comfortable
bereit	ready, prepared
eilig	hurried
ernst	serious
frech	impertinent
fröhlich	merry
geistig	intellectual
heilig	sacred
lustig	funny
notwendig	necessary
nüchtern	sober
rein	pure
riesig	huge
streng	strict
üblich	usual
wach	alert

227–230   *Respond with **Ja** or **Nein**, replacing the underlined noun phrases with personal pronouns.*

   Kennen die meisten Leute diesen Humoristen?
   Ja, *sie* **kennen** *ihn.*

1.   Die Zuhörer bestimmen die Funktion des Humors, nicht wahr?

   _____

2.   Kann der Humor der Bildung dienen?

   _____

3. Sollten <u>die Menschen</u> mit Humor auf <u>ihre Mitmenschen</u> schauen?

   _____

4. Haben <u>Witze</u> Respekt für <u>Autoritätspersonen</u>?

   _____

5. Du verwechselst <u>die Puppe</u> mit <u>dem Baby</u>, nicht wahr?

   _____

6. Können <u>freche Witze</u> (manchmal) <u>die Stimmung</u> zerstören?

   _____

7. <u>Der Witz</u> dient <u>der Kritik</u> als Instrument, nicht wahr?

   _____

8. Glauben Sie, daß <u>deutsche Witze</u> auch <u>Amerikanern</u> gefallen?

   _____

231–235   *In the statements replace the underlined prepositional phrases with a **da(r)**-compound, in the questions with a **wo(r)**-compound.*

   Ich möchte nicht <u>bei der Arbeit</u> gestört werden.
   Ich möchte nicht *dabei* gestört werden.
   ***Wobei* möchtest du nicht gestört werden?**

9. Witze leben <u>aus internationalen Motiven</u>. Ja, _____ leben sie.

   Und _____ bestehen diese Motive?

10. Was sagt man <u>vom deutschen Humor</u>? Was sagt man _____ ?

11. Die meisten Menschen lachen <u>über die üblichen Dinge</u>. _____ lachen sie denn?

12. Manche Witze basieren <u>auf der besonderen Qualität</u> einer Landschaft. Ja, viele bayerische Witze

    basieren _____ . _____ basieren denn die amerikanischen Witze?

13. In seinen Witzen spiegelt sich ein Volk. Kann es sich wirklich _____

    spiegeln? _____ denn sonst?

14. Hast du schon einmal über den Humor nachgedacht? _____ soll ich

    nachdenken? Ich habe noch nie _____ nachgedacht.

15. Versuchen Sie, mit humor auf das Leben zu schauen! _____ soll ich auf das

    Leben schauen? Versuche einmal, mit Humor _____ zu schauen!

Replace each underlined prepositional phrase with a compound or a personal pronoun.

   Er denkt an seinen Betrieb. Er denkt auch an seine Arbeiter.
   Er denkt *daran*. Er denkt auch *an sie*.

16. Der Witz war zu frech; über diesen Witz konnten wir nicht lachen.

    _____

17. Die meisten Witze haben keinen Respekt vor Idealen.

    _____

18. Sie zeigen auch keinen Respekt vor Persönlichkeiten.

    _____

19. Goethe hat den Versuch gemacht, über den Berliner Humor zu sprechen.

    _____

20. Bei diesem Versuch sprach er natürlich auch über die Berliner.

    _____

21. Hatte er denn eine Ahnung von der Stimmung in Berlin?

    _____

22. Bei den Berlinern sagt man: „Uns kann keener."

    _____

Ask confirming questions, replacing the underlined prepositional phrases with personal pronouns or **wo(r)**-*compounds.*

   Man sollte mit Humor auf das Leben schauen.
   ***Worauf* sollte man *womit* schauen?**

23. Ich denke <u>beim Lesen über die Gegenwart</u> nach.

_____

24. Hast du Herrn Meyer <u>mit unserem Pfarrer</u> verwechselt?

_____

25. <u>Hinter jedem Witz</u> steht Aggression.

_____

26. Diese Aggression geht oft <u>gegen andere Menschen</u>.

_____

27. <u>Aus solcher Aggression</u> kann kein Spaß entstehen.

_____

*236–239   Complete each statement with the appropriate case of **man**.*

Man möchte nicht, daß die Leute schlecht über _____ sprechen.
Man möchte nicht, daß die Leute schlecht über einen sprechen.

28. Man weiß nie, wer _____ dienen möchte.

29. _____ hofft, daß die Leute nicht über _____ lachen.

30. _____ muß sich beeilen, so daß die Leute nicht auf _____ warten müssen.

31. Was kann _____ tun, wenn _____ die Gegenwart nicht gefällt?

32. Wenn _____ keine Ahnung hat, ob _____ die Leute verstehen, dann

    soll _____ am besten nichts sagen.

33. Wenn _____ es eilig hat, muß _____ oft am längsten warten.

*240–243   Complete each statement with an appropriate indefinite pronoun: **einer/jemand,
keiner/niemand, etwas/nichts**.*

Unsere Eltern fanden _____ gut, was wir machten.
Unsere Eltern fanden nichts gut, was wir machten.

34. Die Berliner sagen: „Uns kann _____ !"

35. Mag _____ Witze, die nur aus Klischees bestehen?

36. Heute abend konnte _____ mit uns ins Zentrum fahren.

37. Der Maler hatte _____ gemalt, aber er wußte nicht mehr wen.

38. Bedeuten die Gesetze denn _____ für euch?

39. Eure Versuche haben also wirklich _____ ergeben?

40. Nein, _____ im Labor wollte die Versuche beurteilen.

41. Mit strengen Prüfungen kann man leicht _____ zerstören.

42. Glaubst du, wissenschaftliche Versuche enthalten _____ , was für die Menschen notwendig ist?

Answer with an appropriate indefinite pronoun: **etwas, nichts, genug.**

43. Haben Sie noch Geld? Ja, ich habe noch _____ .

44. Was vertreten Sie in der Diskussion? Ich will gar _____ vertreten.

45. Wurden Ihre Versuche schlecht beurteilt? Ja, _____ davon.

46. Worüber denken Sie im Moment nach? Über _____ ; ich will schlafen!

244–252   Complete each statement with an indefinite pronoun in the singular: **manch-, jed-, welch-, all-, ander-, wenig-.**

Hast du noch Bier? Ja, im Kühlschrank steht noch _____ .
Ja, im Kühlschrank steht noch *welches*.

47. Unter alten Menschen hat _____ keine Zähne mehr.

48. Mir tut auch ein Zahn weh; ich weiß nur nicht, _____ .

49. _____ von euch versteht dieses Gesetz, nicht wahr?

50. Nein, wir haben nicht _____ im Text verstanden.

51. Ist das deine einzige Puppe? Hast du keine _____ ?

52. Wieviel Geld hast du noch? Leider nur ganz _____ .

Complete each statement with an indefinite pronoun in the plural: **manch-, welch-, all-, einig-,**
mehrer-, ander-, viel-, wenig-.

      Haben wir noch Zigaretten? Ja, hier liegen noch _____ .
      Ja, hier liegen noch welche.

53. Enthält dieses Buch viele Witze? Ja, aber nur _____ gefallen uns.

54. Haben Sie schon die Hamburger Witze gehört? Nicht viele Witze aus Hamburg,

      aber _____ aus Wien.

55. _____ von diesen Witzen langweilen uns.

56. Können Sie mir vielleicht _____ davon erzählen?

57. Kennen Sie die üblichen Vorurteile? Ja, ich kenne _____ .

58. _____ bestehen aus reinem Nonsens.

253–258   *Use the appropriate interrogative with preposition or interrogative compound to ask*
         confirming questions.

      Wir haben bei unseren Freunden Semmeln gekauft. Bei _____ ?
      Bei *wem* habt ihr Semmeln gekauft?
      _____ habt ihr bei euren Freunden gekauft?
      Was habt ihr bei euren Freunden gekauft?

59. Kennen Sie die beiden Kölner Witz-Gestalten? _____ soll ich kennen?

60. Ihre Namen sind Tünnes und Schäl. _____ Namen sind das?

61. Man kann Tünnes und Schäl auch negativ sehen. _____ kann man denn nicht
    negativ sehen?

62. Meistens gehen die beiden unrasiert auf die Straße. _____ geht unrasiert auf die
    Straße?

63. Vorurteile entstehen oft aus Mißverständnissen. Und _____ entstehen die
    Mißverständnisse?

64. Mancher Humorist beschränkt seine Handlung ganz auf eine Landschaft.

    Interessant, _____ von ihnen denn? _____ beschränkt z.B. Ludwig
    Thoma seine Geschichten?

65. _____ sind die populärsten deutschen Witz-Gestalten?

250–262   Complete each statement with the possessive pronoun appropriate for the subject or the person addressed.

Unsere Eltern wohnen in der Stadt. Und _____ , Edgar und Marlene?
Und eure, Edgar und Marlene?

66. Wir müssen euch sagen: euer Humor ist anders als _____ .

67. Die Pointe in meinen Witzen ist immer lustig; aber in _____ klingt alles so ernst und nüchtern, Herr Thoma.

68. Klein-Erna vertritt ihre Stadt, und Graf Bobby _____ .

69. Und ihr, Tünnes und Schäl, vertretet ihr _____ ?

70. Hast du etwa deine Telefonnummer mit _____ verwechselt?

71. Meine eigene Nummer wähle ich nicht gern; ich wähle _____ lieber, Karl und Anna.

72. Meine Stimmung ist heute gut; _____ auch, Bobby?

73. _____ nicht. Ich muß über die Vorurteile nachdenken.

263–271   Form statements in the present perfect tense, using reflexive pronouns.

Er/sich erinnern/können/nicht
Er hat *sich* nicht erinnern können.

74. ich/sich erkundigen/nach deiner Stimmung/verpassen

_____

75. du/sich rasieren/zweimal am Tag?

_____

76. ihr/sich erinnern an/die Pointe des Witzes?

_____

77. unser Pfarrer/sich verpflichten/gegen Vorurteile zu kämpfen

_____

78. (du)/sich ärgern/über die Gegenwart?

_____

112

79.   ich/sich langweilen/bei den üblichen Gesprächen

_____

271   *Insert the appropriate reflexive pronoun to indicate to whom the action refers.*

    Roland sucht ein Zimmer im Stadtzentrum.
    Roland sucht *sich* ein Zimmer im Stadtzentrum.

80.   Heute schauen wir das Zentrum der Stadt an.

_____

81.   So einen Zahn muß man ziehen lassen!

_____

82.   Ihr müßt die Handlung genau ansehen.

_____

83.   Laßt die Stimmung nicht zerstören.

_____

84.   Hast du noch ein paar Semmeln bestellt?

_____

Express in German.

85.   I've got to hurry.

_____

86.   Have you shaved yet this morning?

_____

87.   Ask yourself whether you want to be a minister.

_____

88.   Please judge yourselves soberly!

_____

89. They've apologized for the misunderstanding.

_____

272–273 *Express in German, using reflexive or reciprocal pronouns as appropriate.*

90. They thought about each other.

_____

91. He was thinking only about himself.

_____

92. Is it necessary to shave before breakfast?

_____

93. Sometimes barbers *(Friseure)* shave each other.

_____

274–278 *Complete each statement with the appropriate form of the demonstrative pronoun.*

    Kauft ihr diesen Wagen? Nein, _____ ist so riesig!
    Nein, *der* ist so riesig!

94. Diese Puppe sieht nett aus. Mit _____ spielt jedes Kind.

95. Ist Herr Schäl noch nüchtern? Nein, _____ ist betrunken.

96. Hast du die Handlung des Dramas verstanden? Ja, aber über _____ mußte ich lange nachdenken.

97. Kannst du mir die Gegensätze zwischen den beiden Positionen erklären? Nein, _____ langweilen mich zu sehr.

98. Warum hast du Rosemarie nicht gern? Weil mich _____ Vorteile stören.

Express in German, using demonstrative pronouns for the underlined words.

99. How do you judge this person? I know nothing about <u>her</u>.

_____

100. There goes Mrs. Braun. <u>Her</u> (demonstrative genitive) figure one can't mistake.

_____

101. Just look at that man! <u>He</u>'s in a hurry and hasn't shaved.

_____

102. This is our minister; you know <u>him</u>, don't you?

_____

279–282　Give the gender, number, case, and function of the relative pronoun and identify its antecedent.

Wir wohnen in einem Staat, in *dem* es keinen Humor gibt.
dem: (antecedent: staat), masc., sing., dative, prepositional object

103. Graf Bobby spricht von einem Ort, in *dem* Gärtner wohnen.

_____

104. Der Autor, über *dessen* Bildung wir gerade gesprochen haben . . .

_____

105. Schreibt er Dramen, *deren* Handlung streng gebaut ist?

_____

Connect each pair of statements with a relative pronoun. The first statement can modify the second or vice versa.

Meine Kinder besuchen *ihren Großvater* gern. *Er* wohnt in Berlin.
Meine Kinder besuchen ihren Großvater gern, *der* in Berlin wohnt.
Der Großvater, *den* meine Kinder gern besuchen, wohnt in Berlin.

106. Ein Witz erzählt eine kurze Geschichte. Die Geschichte besteht aus einer Fabel und einer Pointe.

_____

_____

107. Otto findet manchen Witz lustig. Mancher Witz zerstört anderen Leuten die Stimmung.

_____

_____

　　　　　　　115

108. Mißverständnisse entstehen aus Gegensätzen. Die Gegensätze kann man schwer bestimmen.

_____

_____

109. Sogar Goethe beurteilte den Berliner Witz. Geothe fand ihn nicht delikat.

_____

_____

110. Der Hamburger Humor neigt zum Understatement. Die bekannteste Gestalt des Hamburger Witzes ist Klein-Erna.

_____

_____

111. Die kirchliche Tradition bestimmt den Kölner Humor. Die Repräsentanten des Kölner Humors werden nicht selten belacht.

_____

_____

283–288   Complete each statement with an indefinite relative pronoun or compound.

_____ Sie auf dem Markt kaufen, sind holländische Kartoffeln.
Was Sie auf dem Markt kaufen, sind holländische Kartoffeln.

112. Alles, _____ der berühmte Maler malte, schauten wir an.

113. _____ er malte, kam natürlich ins Museum.

114. _____ Porträt hat er denn gemalt?

115. Der Berliner Witz ist wach, frech und kritisch, _____ natürlich von dem Lebensrhythmus in Berlin bestimmt wird.

116. Köln ist die Stadt, _____ Tünnes und Schäl herkommen.

117. _____ keinen Humor hat, lebt ein nüchternes Leben.

118. Die Art, _____ die Menschen lachen, ist ganz verschieden.

119. _____ der deutsche Humor gefallen soll, muß die Deutschen gut kennen.

CHAPTER VI: HUMOR UND WITZ

ACTIVE VOCABULARY: B AND C TEXTS

Verbs

auf·passen (auf)	pay attention (to)
aus·machen	to agree (up)on; to arrange
erwischen	to catch
probieren	to try
treffen (i), a, o	to hit

Nouns

der Band, ⸗e	volume
der Dummkopf, ⸗e	blockhead, jerk
das Erlebnis, -se	adventure
der Esel, -	ass
das Gedicht, -e	poem
die Kurzgeschichte, -n	short story
das Schauspiel, -e	play

Other Words

eifrig	eager
ordentlich	decent, respectable
zornig	angry

Über Gedichte und andere Literatur.

227–232   Replace the underlined noun phrases with personal pronouns.

Wann diskutiert *euer Professor das neue Schauspiel*?

_____ hat _____ schon letzte Woche diskutiert.

Er hat *es* schon letzte Woche diskutiert.

1.   Haben die Studenten dieses Gedicht schon gelesen? Ja, _____ haben

_____ schon gelesen.

2.   Erzählt die meiste Prosa von typischen Repräsentanten des Volkes? Ja, _____ erzählt

von _____.

3. Der Leser soll wohl über die Dummköpfe lachen? Ja, _____ soll über

   _____ lachen.

4. Der Schriftstellerin ist wohl schon wieder eine nette Geschichte eingefallen? Ja, _____

   ist _____ eben eingefallen.

5. Sagen Sie den Studenten, sie sollen dieses Schauspiel ansehen. _____ haben

   _____ schon gestern angesehen.

6. Dem Publikum hat die Handlung sehr gefallen, nicht wahr? Ja, _____ hat

   _____ gefallen.

7. Glauben Sie, die Leute haben die meisten Bände gelesen? Natürlich haben _____

   _____ gelesen!

Der Arzt besucht ein Kind.

Answer each question, using the cued information. Replace the underlined noun phrases with personal pronouns, paying attention to the word order.

> Wie lange mußten *die Eltern auf den Arzt* warten? (nur wenige Minuten)
> **Sie mußten *auf ihn* nur wenige Minuten warten.**

8. Wann hat der Arzt das kranke Kind besucht? (gestern)

   _____

9. Hat der Vater dem Arzt die ganze Familie vorgestellt? (Ja)

   _____

10. Hat der Arzt die Krankheit sofort erkannt? (nicht sofort)

    _____

11. Hat er den Eltern die Sache erklärt? (später)

    _____

12. War sein Verhalten dem Kind gegenüber freundlich? (natürlich)

    _____

118

13. Hatte <u>das Kind</u> Angst vor <u>dem Fremden</u>?   (zuerst)

_____

Was *nach dem Krankenbesuch* passiert.

*Replace each prepositional phrase with a **da(r)-** or **wo(r)-**compound.*

> Der Arzt möchte nicht *bei seiner Untersuchung* gestört werden.
> **Wobei möchte er nicht gestört werden?**
> **Er möchte *dabei* nicht gestört werden.**

14. Der Arzt mußte *auf einer nassen Straße* fahren. _____ mußte er fahren? Warum

fuhr er _____?

15. Seine Frau erschrak *vor dem schlechten Wetter*. _____ erschrak sie? Hatte sie

Grund, _____ zu erschrecken?

16. Sie fuhren aber *mit einem Mercedes*. _____ fuhren sie? Fuhr der Arzt jeden

Tag _____ zu den Kranken?

17. *Mit beiden Füßen* gab der Fahrer Gas. _____ gab er Gas? Ich kann nicht

glauben, daß er _____ Gas gab!

18. *Beim Bremsen* verunglückte dann der Wagen. _____ verunglückte der Wagen?

Es war ja klar, daß der Wagen _____ verunglücken mußte.

19. Später fuhren viele Autos *an dem verunglückten Wagen vorbei*. _____ fuhren

die Autos vorbei? Würden Sie auch _____ vorbeifahren?

Ein junger Deutscher im Ausland.

Replace the noun phrases with compounds or personal pronouns.

> Er denkt an *sein Land,* aber er denkt auch an *die Eltern*.
> **Er denkt *daran*, aber er denkt auch *an sie*.**

20. Der junge Deutsche hatte Erwartungen über *das Leben*.

_____

21. Er dachte über *seine Eltern* und über *seine Vergangenheit* nach.

_____

22. Er redete nicht mit *fremden Menschen* über *seine Erlebnisse*.

_____

23. Er möchte gern bei *den Einwohnern* nach *verschiedenen Berufsmöglichkeiten* fragen.

_____

24. Leider verstand er kein Wort von *der fremden Sprache*.

_____

Bemerkungen eines Touristen im Ausland.

236–239 Complete each statement with the appropriate case of **man**.

25. Wenn _____ in einem fremden Land reist, sollte _____ die Sprache können.

26. Dann können _____ die Ausländer auch einmal anreden.

27. Sonst starren die Leute _____ so dumm an.

28. _____ muß gut aufpassen, sonst lernt _____ überhaupt nichts.

29. Wenn _____ Glück hat, behandeln die Leute _____ freundlich.

240–243 Complete each statement with an appropriate indefinite pronoun: **einer/jemand, keiner/niemand, etwas/nichts**.

_____ was ich sagte, überzeugte den Richter.
Nichts, was ich sagte, überzeugte den Richter.

30. Das schmale Zimmer war leer; _____ wohnte darin.

31. Aber vor vielen Jahren hatte es _____ gehört.

32. Können Sie mir _____ über den früheren Besitzer sagen?

33. Leider wußten die Leute im Amt _____ über sein Dasein.

34. Kann mir _____ sagen, wo ich Auskunft bekomme?

35. Nein, _____ hat im Moment Zeit.

In einer reichen Gemeinde.

244–252   *Complete each statement with an indefinite pronoun in the singular:* **manch-, jed-, welch-, all-.**

Siehst du den Esel? _____ meinst du denn?
Welchen meinst du denn?

36.   Die Leute in Ihrer Gemeinde müssen reich sein. Ja, ____Jeder____ in unserer Gemeinde hat viel Geld.

37.   Ja, Geld; haben Sie ____welches____? Natürlich habe ich Geld, denn hier kostet

____alles____ sehr viel.

38.   Aber in Ihrer Stadt ist auch ____mancher____ arbeitslos, nicht wahr? Das stimmt nicht; bei uns

kann ____jeder____ Arbeit finden.

Complete each statement with an indefinite pronoun in the plural: **manch-, all-, welch-, einig-, mehrer-, ander-, viel-, wenig-.**

Waren Blumen dort? Ja, in jedem Fenster waren _____.
Ja, in jedem Fenster waren *welche*.

39.   _____ in dieser Stadt besitzen große Häuser.

40.   Einige Bürger haben sogar _____ Autos in der Garage.

41.   Fahren die auch jeden Tag damit? Ja, _____ fahren ins Amt,

_____ zum Einkaufen, _____ zur Universität oder zur Firma, wo sie arbeiten.

42.   Arbeiten in Ihrer Gemeinde _____ von den Frauen? Oder bleiben

_____ zuhause bei den Kindern?

43.   Es gibt _____, die zuhause bleiben; die Lebensbedingungen von

_____ sind so gut, daß nur _____ arbeiten.

Complete each statement with the correct form of the indefinite pronoun: **ein-, kein-, manch-, welch-, jed-.**

Kennen Sie viele Leute hier? Ja, ich kenne _____.
Ja, ich kenne *welche*.

44. Tun dir beide Augen weh? Nein, nur ____*eins*____, das linke.

45. Hast du die Bände in dieser Bücherei gelesen? Hat dir ___*jeder*___ gefallen?

Nein, ___*keiner*___.

46. Von den Kurzgeschichten soll aber ____*eine*____ gut sein.

47. ____*Welche*____ denn? ____*Eine*____ hat mich zornig gemacht, weil sie meine Stimmung zerstörte.

Ein Junge vom Lande muß in die Stadt.

253–258   Ask confirming questions, using the appropriate interrogative with preposition or interrogative compound.

Der Junge fuhr mit dem Zug zu seinem Onkel.
Wer fuhr zu seinem Onkel?
Womit fuhr der Junge zu seinem Onkel?
Zu wem fuhr der Junge mit dem Zug?

48. Meine Mutter bekam einen Brief von Onkel Franz. Von _____ bekam sie einen

Brief? _____ bekam einen Brief? _____ bekam deine Mutter?

49. Er wollte einen ordentlichen Menschen aus ihrem Sohn machen. _____ wollte er

aus ihrem Sohn machen? Aus _____ wollte er einen ordentlichen Menschen machen?

50. Für die Erziehungsarbeit will der Onkel achtzig Mark im Monat. _____ will

achtzig Mark? _____ will er achtzig Mark?

51. Der Onkel war sehr streng zu dem Jungen. Zu _____ war der Onkel so

streng? _____ war streng zu dem Jungen?

52. Der Junge hatte sich mit der Frau Rektor einen Witz erlaubt. Mit _____ hatte der

Junge sich einen Witz erlaubt? _____ hatte er sich erlaubt?

53. Er hat seine Tante mit seinen Erlebnissen amüsiert. _____ hat er mit seinen

   Erlebnissen amüsiert? _____ hat er sie amüsiert?

Kinder in der Schule.

259–260 Complete each statement with the possessive pronoun appropriate for the subject or person addressed.

   Unser Professor ist etwas merkwürdig. Und _____, Franz?
   Und deiner, Franz?

54. Die Studenten in meiner Klasse sind alle sehr eifrig. Wirklich? In _____ ist kein eifriger Student.

55. Unser Lehrer ist sehr intelligent. _____ auch, Franz und Heinrich? Nein,

   _____ ist ein Dummkopf.

56. Mein Band Gedichte ist ganz neu. _____ __ auch, Herr Professor? Nein, leider

   ist _____ sehr alt.

57. Ich finde meine Aufgaben zu schwer. Kannst du _____ verstehen, Emil?

58. Ja, ich habe _____ ganz allein gemacht; ich werde immer schnell

   mit _____ fertig.

59. Unsere Aufgaben waren richtig. Waren _____ auch richtig. Uwe und Heinz?

60. Bei unserem Professor lesen wir viele Gedichte. Sie bei _____ auch, Herr Wendt?

   Nein, bei _____ liest man nur Kurzgeschichten.

263–271 Form statements with reflexive pronouns.

   Mensch! / sich ärgern / nicht
   Mensch, ärgere *dich* nicht!

61. Kinder! / sich entscheiden /   was ihr tun wollt

   _____

62. meine Herren! / sich beeilen / es ist schon spät

_____

63. Kurt! / sich freuen über / den Band Gedichte

_____

64. ihr? / sich wundern über / diese merkwürdigen Erlebnisse

_____

65. du? / sich langweilen / bei diesem Schauspiel

_____

66. wir / sich entschuldigen für / das Mißverständnis

_____

271 *Insert the appropriate reflexive pronoun to indicate to whom the action refers.*

Herr Thoma sucht ein Zimmer.
Herr Thoma sucht *sich* **ein Zimmer.**

67. Wascht die Hände, Kinder!

_____

68. Sehen Sie seine volkstümlichen Malereien an!

_____

69. Ich suchte ein paar freiwillige Helfer aus.

_____

70. Die Eltern fragten, warum ihr Kind meistens schwieg.

_____

272–273 *Express in German, using reflexive or reciprocal pronouns as appropriate.*

71. They excused themselves.

_____

72. They excused each other.

_____

73. They paid attention to each other.

_____

74. They sat down.

_____

Ein Landjunge in der Stadt.

274–278 Complete each statement with an appropriate form of the demonstrative pronoun.

Das Haus gefällt mir. In _____ möchte ich wohnen.
Das Haus gefällt mir. In dem möchte ich wohnen.

75. Meine Mutter bekam einen Brief. _____ war vom Onkel.

76. Ich mußte in eine Stadt. _____ hatte nur ganz hohe Häuser.

77. Nur mein Onkel und meine Tante waren da. _____ paßten auf.

78. Der Onkel sagte immer: „Der Junge ist ein Dummkopf. _____ krieg ich noch."

79. Vom Fenster konnte man die Leute sehen. Über _____ habe ich oft gelacht.

80. Mein Onkel und der Professor wollten mich erwischen. Mit _____ konnte ich also nicht reden.

81. Meine Mutter hatte gesagt, der Onkel ist intelligent. _____ bat ich also um Hilfe;

   von _____ wollte ich viel lernen.

Express in German, using demonstrative pronouns.

82. My mother had a brother. He lived in the city.

_____

83. He was said to be intelligent. I was to learn from him.

_____

84. My professor said I was a jerk. I didn't like him.

_____

85. Once I had to do a math exercise. I couldn't understand it.

_____

86. My uncle did the exercises. But they were all wrong.

_____

Der Junge bei seinen Verwandten.

279–282   Give the gender, number, case, and function of the relative pronoun and identify its antecedent.

Thoma ist ein Autor, *dessen* Prosa heute noch beliebt ist.
dessen: (antecedent: Thoma), masc., sing., possessive, subject

87. Ich mußte in die Stadt, in *der* der Onkel wohnte.

_____

88. Bloß eine Tante wohnte da, *die* den ganzen Tag herumging und aufpaßte.

_____

89. Ich saß gern am Fenster, von *dem* man die Leute sehen konnte.

_____

90. Einmal machte ich eine Aufgabe, bei *der* mir der Onkel half.

_____

91. Der Professor gab mir eine Aufgabe zurück, *die* ich nicht ordentlich gemacht hatte.

_____

Complete each statement with a relative pronoun and the information provided in the first sentence.

Viele Kinder leben bei ihren Großeltern.
Was? Ich kenne keine Kinder, _____.
Was? Ich kenne keine Kinder, *die* bei ihren Großeltern leben.

92. In diesen Häusern möchte ich nicht wohnen. Das stimmt, ich habe auch Häuser gesehen, _____.

93. Haben sie das Bier probiert, Herr Thoma, ist es gut? Ja, mein Bier, _____, ist gut.

94. Müssen wir auf diesen Jungen aufpassen? Ja, das ist der Lausbube, auf _____.

95. Wir lesen die Gedichte vieler Autoren. Mir gefallen manche Autoren nicht, _____.

96.   Der Ausländer kannte die Gesetze der Stadt nicht. Er lebte in einer Stadt, _____.

Die Erlebnisse des Jungen in der Stadt.

Connect each pair of statements with a relative pronoun. The first statement can modify the second or vice versa.

> Er besucht den Onkel gern. Der Onkel wohnt in einer Stadt.
> **Er besucht den Onkel gern, der in einer Stadt wohnt.**
> **Der Onkel, den er gern besucht, wohnt in einer Stadt.**

97.   Die Frau bekam einen Brief. Der Brief war von ihrem Bruder.

_____

_____

98.   Die Frau hatte einen Sohn. Aus dem Sohn wollte der Onkel einen ordentlichen Menschen machen.

_____

_____

99.   Vom Fenster aus konnte man auf die Straße hinuntersehen. Auf der Straße gingen viele Menschen.

_____

_____

100.   Der kleine Junge lebte bei seinen Verwandten. Die Verwandten paßten den ganzen Tag auf ihn auf.

_____

_____

101.   Der Professor mochte den Jungen nicht. Der Junge wollte nicht eifrig arbeiten.

_____

_____

102. Seine Erlebnisse waren sehr merkwürdig. Er erzählte seiner Mutter von den Erlebnissen.

_____

_____

103. Eins von den Kindern wird sehr leicht zornig. Über dieses Kind machen wir uns Sorgen.

_____

_____

104. Wir studieren eben einen interessanten Autor. Die Kurzgeschichten des Autors sind sehr beliebt.

_____

_____

*283–288 Complete each statement with an indefinite relative pronoun or **wo-(r)** compound.*

_____ man aus großer Entfernung sieht, ist oft schwer zu erkennen.
Was man aus großer Entfernung sieht, ist oft schwer zu erkennen.
Das ist das Ereignis, _____ er lange gewartet hat.
Das ist das Ereignis, worauf er lange gewartet hat.

105. Hier haben wir einen Fall, _____ der Richter entscheiden muß.   (über)

106. Die Art, _____ das Kind gerechnet hatte, war falsch.

107. Der Junge sah den Fahrer Gas geben, _____ ihn vor Angst zittern ließ.

108. Er dachte über alles nach, _____ er aufgepaßt hatte.   (auf)

109. Niemand weiß, _____ die Untersuchungen gemacht hat.

110. _____ den Wein schon probiert hat, weiß ich nicht.

111. Sagen Sie mir, _____ Sie sprechen!   (von, über)

112. Alles, _____ der Onkel sagte, war „Du Dummkopf!"

113. Er nannte mich einen Esel, _____ mich nicht überraschte.

CHAPTER VII: PARTNERSCHAFT

ACTIVE VOCABULARY: A AND B TEXTS

Verbs

sich ärgern (über)	to get angry (about)
auf·treten (i), a, e (+ sein)	to occur; to behave
erwarten	to expect
gern haben	to like
lieb haben	to love
streicheln	to caress; to stroke
unterstützen	to support
verändern	to change
verwöhnen	to spoil
vor·bereiten	to plan, prepare
sich zanken	to quarrel

Nouns

die Angelegenheit, -en	matter
familiäre Angelegenheit	family matter
die Eigenschaft, -en	characteristic
die Einstellung, -en	attitude
die Erwartung, -en	expectation
die Forderung, -en	demand
die Geduld	patience
die Gleichberechtigung	equal rights
der Haß	hatred
die Laune, -n	mood
die Pflicht, -en	duty
die Rücksicht, -en	consideration
Rücksicht nehmen (auf)	to be considerate (of)
das Schicksal, -e	fate, destiny
die Treue	fidelity
der Trost	consolation
der Zusammenhang, ⸚e	connection
im Zusammenhang mit	in connection with

Other Words

einsam	lonely, alone
geduldig	patient
gegenseitig	mutual
gleichgültig	indifferent
gutmütig	good-natured
häuslich	domestic
leidenschaftlich	passionate
liebevoll	loving
schlank	slim
selbstsicher	self-assured
sparsam	economical, frugal
ungünstig	unfavorable
verliebt	in love
wütend	furious
zärtlich	tender
zufällig	by chance
zuverlässig	reliable
zu zweit	two together, in pairs

Eine Frau denkt über Liebe nach.

289–291   Underline the verbal complements.

1. Ich habe diesen Mann sehr gern.

2. Wir werden uns nie zanken.

3. Ich möchte ihn gern verwöhnen.

4. Einmal hat er mich sogar gestreichelt.

5. Meistens tritt er sehr selbstsicher auf.

6. Ich werde ihn immer liebhaben.

7. Bis jetzt war ich Männern gegenüber sehr gleichgültig.

8. Ich hatte nämlich ein schweres Schicksal.

9. Aber jetzt habe ich mich verändert.

10. Ich erwarte ein besseres Leben.

Ein Mann denkt an seine Frau.

*292   Insert **nicht** in the correct place to negate each statement.*

11. Meine Frau ist sparsam.

12. Sie tut ihre Pflicht.

130

13. Sie nimmt immer Rücksicht auf mich.

14. Ich möchte, daß sie mich verwöhnt.

15. Manche von ihren Eigenschaften gefallen mir.

16. Früher haben wir uns gezankt.

17. Zu zweit haben wir viel Spaß.

18. Ich liebe diese Frau.

19. Ich gehe mit ihr nach Hause.

20. Darüber ärgern sich meine Freunde.

Hans und Eva wollen heiraten.

293–296 *Restate each sentence by placing various elements, (including dependent clauses), in the front field.*

Eine positive Einstellung ist wichtig *für den Neubeginn.*
Für den Neubeginn ist eine positive Einstellung wichtig.
Wichtig **für den Neubeginn ist eine positive Einstellung.**

21. Hans war sehr verwöhnt, bevor er Eva kennenlernte.

_____

22. Er will sie heiraten, obwohl sie nicht kochen kann.

_____

23. Eva tritt jetzt sehr selbstsicher auf.

_____

24. Sie erwartet keinen fehlerfreien Mann, wenn er nur Geduld hat.

_____

25. Evas Einstellung hat Hans schon immer gefallen.

_____

26. Sie sprechen oft über die Gleichberechtigung der Frau.

_____

27. Sie bereiten seit langem ein liebevolles Verhältnis vor.

_____

28. Hans ist jung geblieben, weil er immer gute Laune hat.

_____

29. Eva wußte, daß er viele gute Eigenschaften hatte.

_____

297 *Substitute a pronoun first for the indirect object then for both objects. Observe the resulting object sequence.*

Sie gab dem Mann ihre besten Jahre.
Sie gab *ihm* ihre besten Jahre.
Sie gab *sie ihm*.

30. Herr Frei erklärte seiner Frau die Angelegenheit.

_____

_____

31. Herr Frei streichelte seiner Frau die Hände.

_____

_____

32. Herr Frei wollte seiner Partnerin sein Schicksal erzählen.

_____

_____

33. Frau Frei hatte ihrem Mann ein gutes Essen vorbereitet.

_____

_____

34. Frau Frei versprach ihrem Ehemann ewige Treue.

_____

_____

298–300 Beginning with the subject, form statements with the given elements in the tense suggested.

35. sie / um fünf / sich treffen wollen / vor dem Kino / Montag   (present)

_____

36. Müllers / zu zweit / jeden Dienstag / ins Kaffeehaus / gehen   (present)

_____

37. die Eheleute / beim Essen / über Politik / sprechen / jedenTag   (present)

_____

38. er / einen leidenschaftlichen Brief / schicken / dieser Frau   (past)

_____

39. er / den Brief / einer einsamen Frau / schreiben   (past)

_____

40. mit einer Kollegin / er / sprechen / über diese Angelegenheit   (past)

_____

41. sprechen / über häusliche Angelegenheiten / mit dieser Kollegin / er   (present)

_____

42. mit einer Kollegin / sprechen / darüber / er   (past)

_____

301 Start each sentence with the suggested phrase.

43. Die Eheleute unterstützten sich gegenseitig.   (von Anfang an)

_____

44. Er ärgerte sich über ihre Launen.   (seit langer Zeit)

_____

45. Sie trafen sich zufällig im Supermarkt.   (eines Tages)

_____

          133

46. Verliebte Leute zanken sich oft. (in ungünstigen Situationen)

_____

302 Substitute a pronoun for the underlined noun. Observe the resulting word order in the inner field.

47. An diesem Tag gab Hans seiner Frau <u>eine Rose</u>.

_____

48. Geduldig bereitet Inge ihrem Mann <u>das Essen</u> vor.

_____

49. Jeden Tag erklärt Herr Kunz den Partnern <u>seine Erwartungen</u>.

_____

Gegenseitige Einstellungen.

305–306 Express in German.

50. What does your husband know about this matter?

_____

51. When do you discuss your partnership?

_____

52. Does he expect patience and fidelity from his wife?

_____

53. Do you expect equal rights in the marriage *(die Ehe)*?

_____

54. Are you sometimes mutually indifferent?

_____

307–310 Complete each dependent clause with the information from the main clause. Observe the position of the verb.

55. Irma arbeitet gut und erwartet liebevolle Unterstützung. Er weiß, daß _____.

56. Hans hat Geduld und gibt uns Trost. Die Familie wollte wissen, ob _____.

57. Er ist gutmütig und kennt keinen Haß. Sie mag ihn nicht, obwohl _____ .

58. Mark ist einsam und sucht eine zärtliche Frau. Wir fragten, seit wann _____ .

59. Er wird zuverlässiger. Emil wird ein besserer Ehemann sein, wenn _____ .

Informationen aus Heiratsanzeigen.

311–314   Connect each pair of statements with the conjunction in parentheses. Omit redundant elements and commas when appropriate.

> Sie hat schwarzes Haar. Sie ist sehr leidenschaftlich.   (und)
> **Sie hat schwarzes Harr und ist sehr leidenschaftlich.**

60. Junger Mann sucht leidenschaftliche Frau. Sie muß auch Rücksicht nehmen können.   (doch)

_____

_____

61. Ein Mann kann häuslich sein. Er kann Wanderlust fühlen.   (oder)

_____

_____

62. Er sucht keine fehlerfreie Frau. Er will eine zuverlässige Partnerin.   (sondern)

_____

_____

63. Ich finde Haß eine schlechte Eigenschaft. Ich werde manchmal selbst wütend.   (aber)

_____

_____

64. Die beiden zanken sich nie. Sie haben viel Geduld.   (denn)

_____

_____

Passen Hans und Eva zueinander?

Connect each pair of statements with a suitable coordinating conjunction.

65. Hans sieht zuverlässig aus. Er ist schon dreimal geschieden.

   _____

66. Sie reden nicht nur. Sie verändern ihre Einstellung.

   _____

67. Hans mag Wanderungen in die Berge. Er liebt die Natur.

   _____

68. Hans und Eva sind beide häuslich. Sie leben sparsam.

   _____

Was Hans und Eva von der Ehe erwarten.

316–335 Connect each pair of sentences with the given subordinating conjunction. Start with either the main or the dependent clause. Observe the position of the verb.

   Allein hat Hans keinen Spaß. Ihm ist alles gleichgültig. (da)
   Allein hat Hans keinen Spaß, da ihm alles gleichgültig ist.

69. Hans sucht eine Frau. Zu zweit macht alles mehr Spaß. (weil)

   _____

   _____

70. Hans hatte wieder geheiratet. Er trat selbstsicher auf. (nachdem)

   _____

   _____

71. Hans wollte Eva besser kennenlernen. Sie war nicht fehlerfrei. (obwohl)

   _____

   _____

72. Eva ist oft auf Reisen. Hans ist häuslich. (während)

   _____

   _____

73. Beide finden Glück. Sie tun ihre täglichen Pflichten.   (indem)

_____

_____

74. Partner müssen sich gut vorbereiten. Sie versprechen einander Treue.   (bevor)

_____

_____

75. Hans und Eva sprechen von ihren gegenseitigen Forderungen. Sie haben dafür Zeit.   (sooft)

_____

_____

76. Früher mußte eine Ehefrau geduldig und zärtlich sein. Sie wollte ihren Mann glücklich machen.   (wenn)

_____

_____

77. Eva erwartete Gleichberechtigung. Sie heiratete.   (als)

_____

_____

78. Hans will seine Frau unterstützen. Sie kann nach der Heirat weiter studieren.   (damit)

_____

_____

79. Eheleute erwarten sexuelle Treue. Sie sind verheiratet.   (solange)

_____

_____

80. Hans waren Frauen gleichgültig. Er bekam Evas Zuschrift. (bis)

_____

_____

*318 Insert the appropriate conjunction: **daß, damit, so daß**.*

81. Frauen wissen, _____ sie Forderungen stellen können.

82. Die sozialen Verhältnisse sind jetzt besser, _____ man von Gleichberechtigung der Frau sprechen kann.

83. Er schreibt Heiratsanzeigen, _____ er eine Frau findet.

84. Es ist wichtig, _____ Partner die gleiche Einstellung haben.

85. Sie zankten sich so oft, _____ sie an Scheidung dachten.

*319–320 Insert the appropriate conjunction: **als, wenn, wann, ob**.*

86. Es ist besser, _____ wir die Angelegenheit besprechen.

87. Ich wußte nicht, _____ er mich wirklich gern hat.

88. Ihr Leben veränderte sich, _____ sie ihn heiratete.

89. Ich weiß nicht, _____ Sie die Zusammenhänge kennen.

90. _____ man verliebt ist, nimmt man gern Rücksicht.

91. Wir fragten sie, _____ sie sich getroffen haben.

92. _____ sie einander unterstützten, war ihre Ehe glücklich.

*322–324 Insert the appropriate conjunction: **weil, da, denn**.*

93. _____ er so einsam war, suchte er eine liebevolle Frau.

94. Er hat wenig Freizeit, _____ er zuviele Pflichten hat.

95. Er erwartet keine perfekte Partnerin, _____ er selbst nicht fehlerfrei ist.

96. Die Eheleute fühlen sich glücklich, _____ er ist liebevoll und sie ist häuslich.

97. Viele Ehen sind unglücklich, _____ die Partner sich über häusliche
     Angelegenheiten zanken.

325 *Form sentences from the elements given. Determine whether* **während** *is a preposition or a
        conjunction.*

98. die Frauen / arbeiten gehen / *während* / die ersten Ehejahre

     _____

99. junge Mütter / zu Hause bleiben / *während* / die Kinder / klein sein

     _____

100. sie / die Kinder streicheln / *während* / das Abendessen

     _____

101. wir / viel lernen / *während* / wir / die Zusammenhänge / nachdenken über

     _____

326–328 *Form* **nachdem**-*clauses, paying attention to the tense required.*

102. (sie/den Zusammenhang/erfahren), änderte sie ihre Einstellung.

     Nachdem _____ .

103. (Wolfgang/in der Küche helfen), wird er Zeitung lesen.

     Nachdem _____ .

104. (er/ihre Forderungen erfüllen), verwöhnte sie ihn.

     Nachdem _____ .

329–330 *Insert the correct word:* **bevor, ehe, vor.**

105. _____ er verheiratet war, fühlte er sich sehr einsam.

106. _____ seiner Heirat fühlte er sich sehr einsam.

107. _____ er seine Pflichten aufnimmt, muß er sich vorbereiten.

332–335 *Express in German.*

108. Ever since she has been tender, he has been considerate.

_____

109. Since then their mutual expectations have changed.

_____

110. Ever since he wrote the ad, he has been expecting letters.

_____

336–341 *Connect each sentence pair with a two-part conjunction:* **entweder . . . oder, weder . . . noch, nicht nur . . . sondern auch, sowohl . . . als auch.**

111. Sie ist sparsam. Sie tut ihre häuslichen Pflichten gern.

_____

112. Früher sollte eine gute Ehefrau kochen können. Sie sollte auch alle häuslichen Pflichten allein erfüllen.

_____

_____

113. Er nimmt bald auf seine Frau Rücksicht. Sie läßt sich scheiden.

_____

_____

114. Dieser Mann gefällt mir nicht. Er sieht zuverlässig aus. Er streichelt meinen Hund.

_____

_____

Ein zuverlässiger Ehemann.

316–341 *Answer each question with a dependent clause preceded by a suitable subordinating conjunction.*

Ißt er immer zuviel? Ja, leider, *(she wants to stay slim)*
Ja, leider, *während* sie schlank bleiben will.

115. Haben Sie geheiratet? Ja, *(we could live (two) together)*

_____

116. Warum unterhalten Sie sich so oft über familiäre Angelegenheiten? *(my wife and I understand each other)*

_____

117. Wie lange nimmt der typische Ehemann Rücksicht auf seine Frau?   *(they do not quarrel)*

_____

118. Ärgern Sie sich oft über Ihre Frau? Nein,   *(she keeps spoiling the children)*

_____

119. Soll es Gleichberechtigung für junge Ehefrauen geben? Ja, aber nur,   *(they have children)*

_____

120. Helfen Sie Ihrer Frau bei den häuslichen Pflichten? Ja,   *(by preparing (the) dinner)*

_____

CHAPTER VII: PARTNERSCHAFT

ACTIVE VOCABULARY: C TEXT

Verbs

atmen	to breathe
befehlen (ie), a, o	to order, command
begreifen, i, i	to grasp, understand
erkältet sein	to have a cold
ertragen (ä), u, a	to endure, put up with
flüstern	to whisper
gießen, o, o	to pour
heizen	to heat
mit·teilen	to notify, tell
schade sein (um) (+ sein)	to be too bad (about)
schälen	to peel
schlucken	to swallow
seufzen	to sigh
spülen	to rinse, wash
starren (auf)	to stare (at)
wachen (bei)	to keep watch (by), to sit up (with)

Nouns

die Decke, -n	blanket
das Fieber (-s)	fever
das Gemüse, -	vegetable
das Geschirr (-s)	dishes
der Geschmack (-s)	taste
der Herd, -e	stove
der Kampf, ⸚e	struggle
der Nagel, ⸚	nail
der Schnupfen, -	head cold
der Sieger, -	victor
der Widerstand, ⸚e	resistance

Other Words

ewig	eternal
kühl	cool
sachlich	objective
seltsam	strange
stumm	silent
ungerecht	unfair

Ein Krankenfall.

289–291 Form sentences in the past tense unless otherwise specified. Underline the verbal complements

1. mein Onkel / erkältet sein

    _____

2. mein Onkel / erkältet / nach Hause kommen

    _____

3. er / nur schwer / atmen können

    _____

4. er / hohes Fieber / haben

    _____

5. die Tante / seine Krankheit / mitteilen

    _____

6. er / den Widerstand / aufgeben

   _____

7. wer / hier / Sieger bleiben?

   _____

8. es / um ihn / schade sein

   _____

9. wir / bei ihm / wachen   (future)

   _____

10. er / seinen Schnupfen / ertragen   (present perfect)

   _____

292   *Insert **nicht** in the correct place to negate each statement.*

11. Mein Onkel war erkältet.   16. Er konnte ihn schlucken.

12. Er kam mit Schnupfen nach Hause.   17. Er mochte den Geschmack.

13. Seine Frau begriff das.   18. Er blieb stumm.

14. Sie heizte den Herd.   19. Aber er seufzte.

15. Sie goß dann den Tee ein.   20. Er starrte auf seine Bettdecke.

Eine Schriftstellerin.

293–296   *Restate each sentence by placing various elements, (including dependent clauses), in the front field.*

   Sie kam *im Krieg* ins Gefängnis.
   Im Krieg kam sie ins Gefängnis.

21. Frau Rinser war von 1934–39 Volksschullehrerin in München.

   _____

22. Sie gehörte damals mit ihrem Mann zum Widerstand.

    _____

23. Ihr Mann war 1943 in der USSR gefallen.

    _____

24. Sie war Literaturkritikerin, als der Krieg zu Ende war.

    _____

25. Sie lebte dann ihr ganzes Leben als Schriftstellerin.

    _____

26. Ihre Romane sind wichtig, weil sie menschliche Grundprobleme besprechen.

    _____

    _____

27. Frauen sind oft die Protagonisten in ihren Werken.

    _____

28. Sie ist sehr bekannt, seitdem ihre Romane in verschiedene Sprachen übersetzt wurden.

    _____

    _____

297 Complete each statement with the direct and indirect objects in correct sequence.

Der Mann versprach _____. (seine Frau / ewige Treue)
Der Mann versprach seiner Frau ewige Treue.
Er versprach _____. (sie / sie)
Er versprach sie ihr.

29. Frau Kunz teilte _____ mit.
    (ihre Nichte / diese Angelegenheit)

30. Frau Kunz teilte _____ mit.
    (ihre Nichte / es)

31. Sie goß _____ ein.
    (ihr erkälteter Mann / eine Tasse Tee)

144

32. Sie goß _____ ein.
   (ihr erkälteter Mann / sie)

33. Der Onkel spülte _____.
   (seine Frau / das Geschirr)

34. Der Onkel spülte _____. (sie / es)

298–300 Beginning with the subject, form statements in the past tense from the elements given.

35. der Onkel / nach fünf Uhr / nach Hause kommen / eines Tages

  _____

36. er / um die Mittagszeit / einkaufen gehen / jeden Montag

  _____

37. die Tante / mitteilen / einem Verwandten / diese Angelegenheit

  _____

38. sie / schreiben / einer Nichte / diesen kühlen Brief

  _____

39. sie / hinlegen / ihrem kranken Mann / eine Decke

  _____

301 Rewrite each sentence, beginning with the suggested word(s).

  Meine Tante ärgerte sich über ihren Mann. (schon lange)
  Schon lange ärgerte meine Tante sich über ihren Mann.

40. Die Tante läßt sich bald von ihm scheiden. (vielleicht)

  _____

41. Der Onkel erkältete sich beim Einkaufen. (eines Tages)

  _____

42. Die beiden zankten sich über jede Angelegenheit. (zuletzt)

  _____

302–303 *Substitute a pronoun for the underlined noun. Observe the resulting word order in the inner field.*

Er zeigte *seiner Frau seinen Widerstand* nicht.
Er zeigte ihn ihr nicht.

43. Bestimmt beschrieb Gottfried <u>den Verwandten</u> <u>seine Erkältung</u>.

_____

44. Stumm hat die Tante <u>ihrer Nichte</u> <u>den Tee</u> eingegossen.

_____

Der kranke Onkel.

306–307 *Express in German.*

45. What's wrong with him?

_____

46. Is he giving up the fight [struggle]?

_____

47. Does his wife grasp that he has a cold?

_____

48. Why does she stare so strangely?

_____

49. She knows that he is not well.

_____

50. Does anyone sit up with him?

_____

Mitteilungen der Tante.

308–309 *Complete each dependent clause with the information from the main clause. Observe the position of the verb.*

51. Onkel Gottfried möchte euch noch einmal sehen. Sie schrieb, daß

_____

52. Er ist schwer erkältet. Sie teilte uns nicht mit, seit wann

_____

53. Es geht ihm schlecht. Aus ihrem Brief konnten wir nicht sehen, ob

_____

54. Er kann nicht mehr schlucken. Vielleicht kann man ihm helfen, obwohl

_____

55. Er macht es nicht mehr lang. Sie sollte erklären, warum

_____

Über den Autor Günter Grass.

312–315   Connect each sentence pair with the conjunction in parentheses. Omit redundant elements and commas when appropriate.

56. Im Krieg war er Soldat. Er kam in Gefangenschaft.   (und)

_____

57. Dann wollte er an der Kunstakademie studieren. Er wollte Mitglied einer Jazzband werden.   (oder)

_____

58. Er wurde weder Maler noch Musiker. Er schrieb Romane.   (sondern)

_____

59. Sein Ruhm kommt von seinem Prosawerk. Er schreibt manchmal auch Lyrik.   (aber)

_____

60. Seine Bücher finden viele Leser. Er ist ein Meister der deutschen Sprache.   (denn)

_____

Eine Krankengeschichte.

315–334   Connect each pair of sentences with the subordinating conjunctions given. Start with the main clause or with the dependent clause. Observe the position of the verb.

Sie wollte kommen. Er war krank.   (weil)
Sie wollte kommen, weil er krank war.

61. Emily hatte geschrieben. Der Onkel war schwer erkältet.   (daß)

_____

62. Also fuhren sie los. Sie wollten den Kranken besuchen.   (weil)

_____

63. Die junge Frau seufzte. Sie dachte an ihren Onkel.   (sooft)

_____

64. Die alte Frau war sehr kühl. Sie öffnete die Tür.   (als)

_____

65. Die Tante erklärte die Situation sachlich. Sie hatte Tee eingegossen.   (nachdem)

_____

_____

66. Sie hatte ihren Mann geheiratet. Sie war noch sehr jung.   (als)

_____

67. Er zeigte seine Liebe. Er nahm Rücksicht auf seine Frau.   (indem)

_____

68. Sie brauchte nichts zu tun. Er kaufte Gemüse ein und kochte.   (solange)

_____

_____

69. Er stand früh auf. Er konnte den Herd heizen.   (damit)

_____

70. Er ertrug ihre Launen. Sie waren verheiratet.   (seitdem)

_____

71. Er war nie erkältet gewesen. Er bekam diesen Schnupfen.   (ehe)

_____

72. Dann verlor er den Geschmack am Essen. Er konnte nicht mehr schlucken   (weil)

_____

_____

73. Die junge Frau setzte sich zu ihrem Onkel. Er konnte ihr nichts mehr mitteilen.   (obwohl)

_____

_____

74. Er starrte so seltsam. Er hatte allen Widerstand aufgegeben.   (seitdem)

_____

_____

*318   Insert the appropriate conjunction: **daß, damit, so daß**.*

75. Ihr Mann tat alle Arbeit, _____ sie im Bett bleiben konnte.

76. Wir müssen alles erklären, _____ sie die Krankheit begreift.

77. Er war so krank, _____ er nicht mehr schlucken konnte.

78. Es schien, _____ er den Kampf aufgeben wollte.

79. Wir fanden sein Schicksal so ungerecht, _____ wir nur weinen konnten.

80. Wir machten das Licht aus, _____ er nicht so starrte.

*318–320   Insert the appropriate conjunction: **als, wenn, wann, ob**.*

81. Niemand konnte sagen, _____ er noch atmete.

82. Bitte sagt ihm, _____ der Arzt kommt.

83. _____ ich bei ihm wache, könnt ihr beide schlafen.

84. Ich weiß nicht, _____ er morgens den Herd heizt.

85. _____ er krank war, hat sie zwei Tage nichts gegessen.

86. Man soll daheimbleiben, _____ das Wetter so kühl ist.

87. Bitte teile mir mit, _____ er noch Fieber hat.

88. Wir wurden wütend, _____ sie so seltsam starrte.

322–324 Insert the appropriate conjunction: **weil, da, denn.**

89. Er spülte das Geschirr, _____ sie arbeitete nicht gern.

90. Er schälte auch Gemüse, _____ sie es nicht tun wollte.

91. Sie brauchte nichts tun, _____ er immer alles befahl.

92. Ihre Ehe war ein ewiger Kampf, _____ sie einander nicht verstanden.

93. Die Nichte weinte, _____ sie den Kampf ungerecht fand.

94. Es war schade um ihn, _____ er hatte ein trauriges Leben.

325 Form sentences from the elements given. Determine whether **während** *is a preposition or a conjunction.*

95. *während* / der Kranke / ruhig atmen / sie / bei ihm wachen

_____

96. er / den Herd heizen / *während* / sie / das Geschirr spülen

_____

97. sie / nichts essen können / *während* / seine Krankheit

_____

326–328 Form **nachdem***-clauses, paying attention to the tense required.*

98. (sie / kühl / nebeneinander leben), ließen sie sich scheiden.

Nachdem _____

99. (er / das Gemüse schälen), wird er das Essen kochen.

Nachdem _____

100. (sie / alles / begreifen), gab sie den Widerstand auf.

Nachdem _____

329–330   Insert the correct word: **bevor, ehe, vor.**

101. _____ seiner Ehe war er ein gutmütiger Mann.

102. _____ er einschlief, hatte er leise geseufzt.

103. _____ der Arzt kam, atmete der Kranke ruhig.

331–334   Express in German.

104. Ever since he had that cold, he could only whisper.

_____

105. Since then she has been cool to him.

_____

106. He has endured her moods ever since.

_____

336–341   Connect each sentence pair with a two-part conjunction: **entweder . . . oder, weder . . . noch, nicht nur . . . sondern auch, sowohl . . . als auch.**

107. Sie hat viele schlechte Eigenschaften. Sie nimmt keine Rücksicht auf ihren Mann.

_____

108. Wir müssen Gemüse kaufen. Wir haben nichts zu essen.

_____

109. Diese dumme Frau hat guten Geschmack. Sie kann kochen.

_____

316–341   Answer each question with a dependent clause introduced by an appropriate subordinating conjunction.

Warum seufzte er?   (he was angry about the cool reception)
Er seufzte, *weil* **er sich über den kühlen Empfang ärgerte.**

110. Wann fing der Kampf an?   *(he thought about his fate)*

_____

111. Wie lange führt er den Kampf? *(he becomes the victor / winner)*

_____

112. Wann ist der Kampf zu Ende? *(one gives up his resistance)*

_____

113. Wie lange schon kann er nicht schlucken? *(he has a cold)*

_____

114. Schläft er immer unter drei Decken? *(he has a head cold)*

_____

115. Warum weinst du? *(it's all over)*

_____

116. Wie lange sollen wir auf den Arzt warten? *(you can stay here)*

_____

117. Geht es der Witwe gut? Nein, *(she finds her fate unjust)*

_____

118. Hat sie den Wein ausgetrunken? Ja, *(she doesn't like the taste)*

_____

119. Warum hat sie das getan? *(the struggle is finally over)*

_____

120. Warum nehmen wir Rücksicht aufeinander? *(we can endure life)*

_____

CHAPTER VIII: KRIEG UND FRIEDEN

ACTIVE VOCABULARY: A TEXT

Verbs

| an·greifen, i, i | to attack |
| besetzen | to occupy |

betreffen (i), a, o	to concern; to affect
bilden	to form
entsprechen (i), a, o	to correspond to
entwickeln	to develop
herrschen (über)	to rule
scheitern (+ sein)	to fail
übernehmen (i), a, o	to take over
vernichten	to annihilate
verwalten	to administer

Nouns

die Absicht, -en	intention
der Angriff, -e	attack
die Behandlung, -en	treatment
die Einheit, -en	unity, unit
das Ereignis, -se	event
das Ergebnis, -se	result
der Feind, -e	enemy
der Flüchtling, -e	refugee
das Gebiet, -e	territory, area, region
die Lösung, -en	solution
die Macht, ⸚e	power
die Niederlage, -n	defeat
der Sieg, -e	victory
der Überfall, ⸚e	invasion
das Urteil, -e	judgment, verdict
die Verfassung, -en	constitution
die Verhandlung, -en	negotiation
der Widerspruch, ⸚e	contradiction
der Zusammenbruch, ⸚e	collapse

Other Words

bedingungslos	unconditional
gesamt	total
günstig	favorable
verantwortlich	responsible
wirtschaftlich	economic

*349–352   Insert the given phrases after **bis**.*

1. Bis _____ dienen wir unserem Land.   *(this November)*

2. Die Flüchtlinge besetzten das Haus bis _____.
    (into the last room)

3. Die Volkskammer arbeitete bis _____. *(late into the
    night)*

348–370   Insert the given phrases after the prepositions requiring the accusative.

4. Durch _____ erfuhr die Welt von seinen Absichten.
    (a coincidence)

5. Man kann ein Volk nur durch _____ gewinnen.
    (just treatment)

6. Die Russen marschierten durch _____. *(the entire
    territory)*

7. Der Moment ist günstig für _____. *(our negotiations)*

8. Die Ost-West-Grenze ging _____ entlang.   *(the Elbe)*

9. Er argumentierte gegen _____. *(a new constitution)*

10. Die Opposition gegen _____ scheiterte.   *(the leader)*

11. Wir wollen ein Leben ohne _____. *(such contradictions)*

12. Ohne _____ hätte Europa in Frieden gelebt.   *(this invasion)*

13. Um _____ übernahmen die Alliierten die Regierung.
    (this time)

14. Die Diskussion geht um _____ der Kriegsverbrecher.
    (the treatment)

Insert a preposition (or postposition) requiring the accusative.

15. Die Welt fand den Krieg _____ den Faschismus gerecht.

16. Wer war _____ den Krieg verantwortlich?

Copyright © 1990 Holt, Rinehart and Winston, Inc.

17. Das gesamte Gebiet den Rhein _____ wurde besetzt.

18. Das Gebiet _____ die Stadt Berlin wurde von den Russen verwaltet.

19. Die gesamte Öffentlichkeit ist _____ den Frieden und

    _____ den Krieg.

20. Die DDR versucht, ein Land _____ antagonistische Widersprüche zu bauen.

21. _____ nächsten Monat wissen wir die Verhandlungsergebnisse.

Express in German.

22. The Germans were responsible for the invasion.

    _____

23. The attack began around 5 o'clock.

    _____

24. Large areas were destroyed by bombs.

    _____

25. Until the collapse many Germans carried weapons.

    _____

26. The French were against Germany's economic unity.

    _____

27. Without negotiations no solution will be found.

    _____

28. The Russians administered the territory around Berlin.

    _____

371–412   Insert the given phrases after the preposition (or postposition) requiring the dative.

29. Nach _____ entwickelte er seine Absichten.   *(four days)*

30. Der Blitzkrieg führte zu _____. *(quick victories)*

31. Mit _____ auf die USSR erhielt der Krieg eine neue
Dimension. *(the invasion)*

32. 1943 wurde der Krieg wirklich zu _____. *(a world war)*

33. Die Niederlage bei _____ Stalingrad markierte die Wende.
(the city)

34. Der Krieg endete mit _____. *(Germany's unconditional
surrender* [Kapitulation]*)*

35. Nach _____ besetzten die Alliierten Deutschland. *(the total
collapse)*

36. Seit _____ 1945 verwalten die Alliierten das Land.
(the eighth of May)

37. Die Kommandanten herrschten nach _____ ihrer
Regierungen. *(the orders* [die Befehle]*)*

38. Außer _____ gab es wenig wirtschaftliche Hilfe.
(the Marshall Plan)

39. _____ gegenüber konnte man nichts tun. *(these events)*

40. Die Berliner Blockade wurde mit _____ gebrochen.
(American help)

Insert the correct dative prepositions.

41. Das Marshall-Hilfsprogramm wurde _____ den östlichen Staaten nicht
übernommen.

42. Kamen Vertreter _____ dem Westen _____ den Volkskongressen?

43. _____ der Volkskammer gibt es kein Parlament in der DDR.

44. Die Menschen haben Angst vor einem Krieg _____ Atomwaffen.

45. Die Weltöffentlichkeit spricht _____ der Friedensbewegung.

46. Die Verhandlungen betreffen nichts _____ den Frieden.

Express in German.

47. After several days we understood his intentions.

_____

48. Shall we invite the enemy to the negotiations?

_____

49. The refugees came from the Eastern *(östlich)* territories.

_____

50. In [according to] its character this war was unjust.

_____

51. Since the collapse Germany has been occupied by the Allies.

_____

52. He lived with his brother at his parents'.

_____

*413–441   Insert the **der-** words suggested after the two-way prepositions.*

53. Unter _____ Umständen wollte Hitler neuen Lebensraum.   *(all)*

54. Er entwickelte seine Ansichten vor _____ Offizieren.   *(his)*

55. Er unternahm Angriffe auf _____ westeuropäischen Länder.   *(all)*

56. Der Krieg begann als Konflikt zwischen _____ Faschismus und

_____ westlichen Mächten.   *(the / the)*

57. Verhandlungen unter _____ Führung Englands scheiterten.   *(the)*

58. An _____ Ende kapitulierte Deutschland vor _____
Alliierten.   *(the / the)*

59. Durch Zufall saß der Russe neben _____ Amerikaner.   *(the)*

60. Unter _____ Umständen hatten die Alliierten verschiedene Ansichten

über _____ Behandlung der Feinde.   *(the / the)*

61. Die Sieger übernahmen in _____ Zonen die staatliche Gewalt.   *(their)*

62. Zu viele Deutsche standen unter _____ Einfluß des Führers.   *(the)*

63. Die wirtschaftliche Einheit des besetzten Deutschlands scheiterte an _____
Veto Frankreichs.   *(the)*

64. Viele Flüchtlinge, die in _____ Ostzone wohnten, wollten über

_____ Grenze in _____ Westen.   *(the / the / the)*

65. Wer stellt sich zwischen _____ beiden Siegermächte?   *(the)*

66. Wir wollen über _____ Verfassung sprechen.   *(the)*

Form sentences in the past tense with the suggested two-way prepositions. Begin with the subject.

67. der zweite Weltkrieg / mehr als vierzig Jahre / zu Ende sein   (vor)

_____

68. Hitler / herrschen wollen / alle Umstände   (unter)

_____

69. viele Soldaten / nicht dienen wollen / dieser Führer   (unter)

_____

70. der Angriff / beginnen / die Grenze mit Polen   (an)

_____

71. ein Stück dieser Grenze / verlaufen / die Oder   (an)

_____

72. kein Krieg / stattfinden sollen / deutscher Boden   (auf)

_____

73. der Krieg in Europa / enden / der 9. Mai 1945   (an)

_____

74. der Krieg in Asien / zu Ende sein / August 1945   (in)

_____

75. es / viele Tote geben / die Zivilisten   (unter)

_____

76. die Wirtschaft / umgestellt werden / ein sozialistisches System   (auf)

_____

77. manche Politiker / die deutsche Einheit setzen / alles   (über)

_____

78. die österreichische Verfassung / das Land stellen / die Machtblöcke   (zwischen)

_____

442–453   Insert the suggested phrases after the prepositions requiring the genitive.

79. Um _____ willen machte Hitler Krieg.   (der Lebensraum)

80. Während _____ wurden Millionen von Menschen
    getötet.   (der Krieg)

81. Trotz _____ besetzten die Feinde halb Europa.
    (die ungünstigen Ereignisse)

82. Während _____ übernahmen die Sieger die staatliche
    Gewalt.   (die Besatzungsperiode)

83. Wegen _____ scheiterte die alliierte Verwaltung.
    (die politischen Widersprüche)

84. Statt _____ bekamen die Deutschen die Teilung.
    (die wirtschaftliche Einheit)

85. Um _____ willen müssen alle Menschen
    zusammenarbeiten.   (der Frieden)

Insert an appropriate preposition requiring the genitive.

86. Der zweite Weltkrieg begann _____ der Sicherheit

    Polens _____.

87. _____ seines Buches *Mein Kampf* waren Hitlers Absichten den
    meisten Menschen unbekannt.

88. _____ der ersten zwei Kriegsjahre feierte Deutschland viele Siege.

89. Aber _____ eines Endsieges erlebte Deutschland den totalen
    Zusammenbruch.

90. _____ vieler Verhandlungen gab es keine günstigen Ergebnisse.

91. _____ der Berliner Blockade halfen die Amerikaner mit der
    Luftbrücke.

92. In der DDR gibt es jetzt die Sozialistische Einheitspartei _____ der
    alten KPD und SPD.

Express in German.

93. in spite of the unfavorable verdict . . .

    _____

94. instead of economic unity . . .

    _____

95. during the negotiations . . .

    _____

96. for the sake of the refugees . . .

    _____

454–456   Insert the prepositions required by the verbs and supply article endings when necessary.

97. Die Kriegsverbrecher baten _____ ein_____ gerechtes Urteil.

98. Die Richter denken noch _____ d_____ totalen Zusammenbruch.

99. Sie wollten _____ ein_____ günstige Lösung nachdenken.

100. Glauben Sie _____ d_____ Möglichkeit einer Niederlage?

101. Wir interessieren uns _____ d_____ Ergebnisse der Verhandlung.

102. Die Welt hat Angst _____ ein_____ Krieg mit Atomwaffen.

103. Alle halten das _____ ein_____ katastrophales Ereignis.

104. Welche Länder sind heute noch _____ ihr_____ Siege stolz?

105. Manche Deutschen freuen sich _____ d_____ Wiedervereinigung.

106. Sie warten _____ ein_____ günstigen Moment dafür.

107. Wer fragt heute noch _____ d_____ vielen Flüchtlingen?

108. Ganz Europa hofft _____ ein_____ günstige Lösung dieser Frage.

109. Die ganze Welt würde sich _____ so ein_____ Lösung freuen.

346–456   Insert the appropriate prepositions, article endings, or contractions.

110. Der Angriff führte _____ einig_____ schnell_____ Siegen.

111. Sein_____ Charakter _____ war der Krieg ungerecht.

112. Der Luftkrieg ging _____ d_____ gesamt Bevölkerung.

113. _____ gleich_____ Zeit wurden die meisten Fabriken vernichtet.

114. _____ dies_____ Umständen konnte man keinen Sieg erwarten.

115. Deutschland kapitulierte _____ d_____ Siegermächten.

116. _____ d_____ 8. Mai 1945 existierte keine staatliche Gewalt.

117. _____ d_____ gemeinsam Sieges scheiterte die Politik der Alliierten.

118. _____ d_____ Friedens haben wir noch immer den Kalten Krieg.

119. Mehr als vierzig Jahre _____ d_____ Ende des Krieges gibt es keine günstige

Lösung _____ d_____ Deutsch Frage.

120. In der DDR herrscht _____ jen_____ April _____ Jahre 1946 die SED.

121. Die westdeutsche Verfassung gilt nur _____ _____ d_____ Moment
einer Wiedervereinigung.

Express in German.

122. The Germans were afraid of a defeat.

_____

123. After the collapse, the enemies asked for a just verdict.

_____

124. The winners ruled over the land.

_____

125. The whole world was looking forward to (the) peace.

_____

126. Are you interested in these events?

_____

CHAPTER VIII: KRIEG UND FRIEDEN

ACTIVE VOCABULARY: B TEXT

Verbs

bewundern	to admire
hamstern	to hoard (food)
recht haben	to be right
schleichen, i, i (+ sein)	to sneak
schneien	to snow
unter·tauchen (+ sein)	to go underground
vernehmen (i), a, o	to interrogate
verstecken	to hide

Nouns

die Aufregung, -en	excitement
der Beamte, -n	official
die Behauptung, -en	assertion
das Netz, -e	net, net-bag
die Siedlung, -en	settlement
der Unsinn	nonsense
der Vorort, -e	suburb
die Wette, -n	bet
der Zuhörer, -	listener

Other Words

aufgeregt	excited
höchstens	at most
nämlich	namely, that is
rasch	quickly
schließlich	after all, at last
schrecklich	fearful
ungeschickt	clumsy
verzweifelt	desperate
vollkommen	complete
zugleich	at the same time

349–370   Insert the given phrases after the prepositions (or before the postposition) requiring the accusative.

1. Gibt es bis _____ Konzentrationslager?   *(to this day)*

2. Wir hörten von dieser Geschichte durch _____.
   (an official)

3. Bis _____ versuchten viele Leute unterzutauchen.
   (end of the war)

4. Ohne _____ von Freunden konnten sie sich aber nicht verstecken.   *(the help)*

5. Die meisten Deutschen taten nichts gegen _____

   _____.   *(these conditions)*

6. Sie interessierten sich nicht für _____.
   (these problems)

7. Der Hamsterzug fährt durch _____. *(the suburb)*

8. Um _____ fährt sonst kein Zug durch die Siedlung.
   (this time)

9. Zwei Frauen gingen _____ entlang zu einem Tisch.
   (the wall)

10. Eine Frau erzählte und sah durch _____ hindurch.
    (her listener)

11. Ging die ganze Diskussion um _____? *(her desperate
    friend)*

12. Sie war zuerst um _____ geschlichen. *(the empty
    house)*

13. Sie wollte für _____ in das Haus. *(a single night)*

Sorgen ums Essen.

Insert a preposition requiring the accusative.

14. _____ solchen Hunger könnten wir leichter leben.

15. _____ unser Essen haben wir nicht genug Geld.

16. _____ diese schrecklichen Zustände müssen wir etwas tun.

17. Wer kommt da _____ unsere leere Küche geschlichen?

18. Sie darf nur _____ nächsten Montag hier untertauchen.

19. _____ das Hamstern sind wir zu ungeschickt.

20. _____ sechs Uhr fährt der Kartoffelexpress ab.

Eine Flüchtlingsgeschichte.

Express in German.

21. The woman was so excited that she went out without a hat.

   _____

22. It was snowing, but she walked through several suburbs.

_____

23. She sneaked along the walls of the house.

_____

24. At last she quickly went through a door into the house.

_____

25. Her friends will hide her until next month.

_____

26. Without her friends she was completely desperate.

_____

371–412   Insert the given phrases after the prepositions requiring the dative.

27. Die Autorin sah die Welt aus _____. *(a desperate perspective)*

28. Viele Flüchtlinge wurden von _____ versteckt. *(she)*

29. Man schloß ihren Mann aus _____ aus. *(the party)*

30. Außer _____ war niemand im Büro. *(the responsible official)*

31. Sie hatte Angst; sie war nämlich bei _____ hamstern gegangen. *(the farmers [die Bauern])*

32. Sie hatte das mit _____ verabredet. *(friends)*

33. Seit _____ war sie bei _____ untergetaucht. *(several weeks/refugees)*

34. Außer _____ wohnte niemand in der Laube. *(she)*

35. Zu _____ gehört Mut. *(such a thing)*

36. Nach _____ war die Frau ganz verzweifelt. *(these fearful days)*

Insert an appropriate preposition requiring the dative.

37. Man sah die Beamten schon _____ von _____ weitem kommen.

38. Diese Leute gehören jetzt nicht mehr _____ zu _____ unserer Partei.

39. _____ Außer _____ ihm wurde niemand _____ von _____ der Partei ausgeschlossen.

40. Niemand will etwas _____ mit _____ diesen Ereignissen zu tun haben.

41. _____ Nach _____ dieser Niederlage waren wir vollkommen verzweifelt.

42. Er saß _____ mit _____ zwei Freundinnen _____ bei _____ einem Fenster.

43. Die beiden Frauen kannten einander _____ aus _____ der Schule.

44. _____ Mit _____ dem Hunger war es _____ nach _____ dem Krieg sehr schlimm.

45. Auch _____ bei _____ schlechtem Wetter mußten wir hamstern gehen.

Express in German.

46. She gave her friend Anna something from her garden.

_____

47. An official interrogated her after two days.

_____

48. Since that day all her neighbors, except one woman, admired her.

_____

49. She had to live with [at the place of] bei horrible people.

_____

50. Don't talk with your enemies!

_____

166

*413–441   Supply **der**-word endings after the two-way prepositions.*

51. Dieser Autor schreibt über d_____ schrecklichen Zustände in d_____ letzten Krieg.

52. Viele Deutsche lebten unter d_____ Ruinen ihrer Häuser.

53. Nach dem Zusammenbruch mußten alle Parteimitglieder vor d_____ Gericht.

54. Friedas Mann stand schon dies_____ Sonntag vor d_____ Gericht.

55. Er ging später als Gastprofessor an ein_____ ausländische Universität.

56. Er machte eine Wette, daß er in dies_____ Land untertauchen konnte.

57. Die Erzählung handelt von einer Frau, die in ein_____ Konzentrationslager ermordet wurde.

58. Elsie ging nie an d_____ Tür; sie setzte sich höchstens unter d_____ Fenster.

59. Oft versteckte sie sich vor d_____ Polizei unter d_____ Bett.

60. Schließlich sah sie den ganzen Tag in d_____ Spiegel.

61. Kein Glas war sicher in ihr_____ Händen.

62. Sie hatte rasch das Tischtuch über d_____ Vogel geworfen, bevor sie mit d_____

    Stern auf d_____ Straße marschierte.

Form sentences in the past tense, using the two-way prepositions given.

63. die Frauen / sitzen / Bahnhof der Vorstadtsiedlung   (in)

    _____

64. eine Frau / das Netz legen / das Gemüse   (über)

    _____

65. ein Mann / vorbeischleichen / die Frauen   (an)

    _____

66. die Frauen sahen, daß / es schneien / das Haus   (vor)

_____

67. sie / sich stellen / das Fenster   (vor)

_____

68. sie / nämlich nicht gehen wollen / die Straße   (auf)

_____

442–453   Insert the given phrases after the prepositions requiring the genitive.

69. Während _____ durfte die Autorin nicht publizieren.
    (the war)

70. Trotz _____ versteckte sie sich nicht.   _(her excitement)_

71. Anstatt _____ erlebten die Deutschen eine vollkommene
    Niederlage.   _(the victory)_

72. Während _____ wurden viele Menschen ermordet.
    (the war)

73. Wegen _____ wurde er aus der Partei ausgeschlossen.
    (his assertions)

74. Wir verhandeln um _____ willen.   _(the peace)_

75. Wegen _____ der Flüchtlinge scheiterten die
    Verhandlungen.   _(unjust treatment)_

76. Während _____ wurden alle vernommen.   _(one night)_

Insert a suitable preposition requiring the genitive.

77. _____ der Frau des Blockwarts waren wir in tödlicher Gefahr.

78. _____ ihrer Freundin _____ wäre sie
    beinahe ins Konzentrationslager gekommen.

79. _____ der Nacht mußten die Läden geschlossen sein.

80. _____ des Mannes hatte diesmal die Frau recht.

81. _____ ihres Hungers ging sie hamstern.

82. Nach dem Krieg sah man nur Ruinen _____ der Häuser.

Express in German.

83. During those days (the) people were terribly afraid.

_____

84. Because of her clumsy assertions, she was interrogated.

_____

85. As far as I'm concerned, we can hide her.

_____

86. Instead of the man, the woman went underground.

_____

Mann und Frau am Abend zu Hause.

454–456 Complete each sentence with the preposition required by the verb.

87. Sie freute sich _____ den Abend zu Hause.

88. Ihr Mann hatte sie _____ einem Bier eingeladen.

89. Sie warteten zusammen _____ eine alte Schulfreundin.

90. Dabei dachten sie _____ ihre gemeinsamen Schultage.

91. Sie sprachen aber auch _____ den schrecklichen Zuständen.

92. Doch ihr Mann interessierte sich nicht _____ diese Dinge.

93. Er hatte tödliche Angst _____ der Polizei.

94. Er hielt jeden Polizisten _____ einen Feind.

95. Er glaubte nämlich _____ die Macht der Polizei.

96. Schließlich kam die Freundin und bat _____ ein Zimmer.

97. Man fragte sie nicht _____ ihren Absichten.

98. Die Freundin gehörte bald _____ ihrer Familie.

346–456   Fill in the correct prepositions, article endings, or contractions.

99. Sie sah die Welt _____ ein_____ verzweifelt Perspektive.

100. _____ d_____ Krieges schrieb die Schriftstellerin _____ d_____
    schrecklich Zustände.

101. _____ siebzehn Jahren ging der Autor _____ d_____ DDR.

102. _____ sein_____ Kritik _____ System wurde er _____

    d_____ Partei ausgeschlossen.

103. _____ einig_____ Jahren arbeitet er _____ d_____
    Bundesrepublik.

104. _____ welch_____ Zeit fährt der Hamsterzug _____ d_____
    Vorort?

105. Ein Zuhörer, der _____ d_____ Zug wartete, saß _____ d_____
    Frauen.

106. _____ dies_____ Abend ging er nämlich nicht _____ sein_____
    Arbeitsplatz.

107. Er war eine Wette eingegangen, daß es _____ d_____ Nacht schneien würde.

108. Er wollte sich höchstens _____ ein_____ Nacht verstecken.

109. Dann tauchte er aber _____ viel_____ Wochen unter.

110. Den Plan hatte er _____ mehrer_____ Leuten verabredet.

111. _____ solch_____ Handlung gehört Mut.

112. _____ dies_____ Sache sind sie _____ Gefängnis gekommen.

113. Wer hat Interesse _____ d_____ Geschichte _____

    mein_____ Freundin?

170

114. _____ d_____ Essen mußte sie _____ viel_____ Arbeiten helfen.

115. _____ Essen war kein Glas sicher _____ ihr_____ Händen.

116. _____ weitem hörte sie ihn d_____ Straße _____ kommen.

117. Als der Beamte _____ d_____ Tür kam, antwortete sie _____

kalt_____ Stimme.

118. Sie sah aus wie ein Engel _____ d_____ Bibel.

119. Niemand kann jetzt dem Mann _____ d_____ Gericht helfen.

CHAPTER IX: STADT UND LAND

ACTIVE VOCABULARY: A AND B TEXTS

Verbs

bauen	to build
bestimmen	to determine
erhalten (ä), ie, a	to preserve, maintain
ernähren	to feed
erwähnen	to mention
gründen	to found; to organize
mähen	to mow
radfahren (ä), u, a (+ sein)	to bicycle

Nouns

der Bürgermeister, -	mayor
das Denkmal, ⸚er	monument
die Ernte, -n	harvest
das Gefühl, -e	feeling
der Gelehrte, -n	scholar
das Gewerbe, -	trade
das Huhn, ⸚er	chicken
die Kuh, ⸚e	cow

die Lebensmittel (pl.)	groceries
das Opfer, -	victim
das Pferd, -e	horse
der Pflug, ⸗e	plow
die Sache, -n	matter
die Schürze, -n	apron
der Stall, ⸗e	barn, stable
die Stille	silence
die Wiese, -n	meadow

Other Words

| herrlich | magnificent |
| ländlich | rural |

457–459   Identify the statements as general (G) or special (S) subjunctive.

1. Er sagt, er wohnte gern in einer Großstadt.   _____

2. Er sagt, er würde einen Bauernhof kaufen.   _____

3. Er sagt, er könne eine große Familie ernähren.   _____

4. Er sagt, er werde einen Klub gründen.   _____

5. Er sagt, wir müßten ein Gewerbe lernen.   _____

460   Cross out each verb and replace it by the present tense of the general subjunctive.

6. Wenn wir eine Stadt / (gründen) _____ . . .

7. Wenn die Natur zum Leben / (gehört) _____ . . .

8. Wenn wir eine Kuh / (haben) _____ . . .

9. Wenn Sie ländliche Stille / (wollen) _____ . . .

10. Wenn du Lebensmittel / (brauchst) _____ . . .

11. Wenn er seine Familie besser / (ernährt) _____ . . .

12. Wenn der Pfarrer näher / (wohnt) _____ . . .

461

13. Wenn es Bauernhöfe / (gibt) _____ . . .

14. Wenn wir den Sommer hier / (verbringen) _____ . . .

15. Wenn du Bürgermeister / (bist) _____ . . .

16. Wenn sie eine Schürze / (trägt) _____ . . .

17. Wenn zwanzig Pferde im Stall / (stehen) _____ . . .

18. Wenn der Pflug den Acker / (vergißt) _____ . . .

19. Wenn die Bewohner / (radfahren) _____ . . .

465–468   Cross out each verb in parentheses and replace it by the past tense of the general subjunctive.

20. Wenn wir viele Hühner / (hatten) _____ . . .

21. Wenn ihr bei der Ernte geholfen / (habt) _____ . . .

22. Wenn wir diese Sache / (erwähnten) _____ . . .

23. Wenn sie ein Gewerbe / (fanden) _____ . . .

24. Wenn er seine Familie gut ernährt / (hat) _____ . . .

25. Wenn er radgefahren / (ist) _____ . . .

26. Wenn die Gelehrten / (weggingen) _____ . . .

27. Wenn sie die Opfer / (wurden) _____ . . .

Complete each statement in the negative, using the future tense of the general subjunctive.

    Mein Sohn wohnt in einer großen Stadt. Aber meine Tochter _____
    Aber meine Tochter *würde nicht* in einer großen Stadt wohnen.

28. Uwe wohnt gern auf dem Bauernhof. Aber Gisela _____

_____

29. Meine Kinder leben mit Kühen und Hühnern. Aber Inges Kinder

_____

30. Der Wirt gibt den Gästen die Hand. Die Kellnerin _____

_____

31. Ich finde die Kleinstadt sympathisch. Aber mein Mann _____

_____

Complete each statement in the negative, using the future perfect tense of the general subjunctive.

Ich habe mich dafür entschieden. Aber mein Mann _____

Aber mein Mann würde sich nicht dafür entschieden haben.

32. Unsere Kinder fanden die ländliche Stille nicht herrlich. Wir _____

_____

33. Sie schaute so oft auf die Landkarte. Ihr Mann _____

_____

34. Wir verbrachten jeden Sommer auf dem Dorf. Ein Gelehrter _____

_____

35. Er ist Bürgermeister geworden. Ich _____

_____

*Restate each **wenn**-clause in the general subjunctive. Form each conclusion clause with the future tense of the general subjunctive.*

Wenn er guten Geschmack *hat,* er / dieses Haus/kaufen

Wenn er guten Geschmack *hätte, würde* er dieses Haus *kaufen.*

36. Wenn der Stall kaputt ist, er / repariert werden

_____

37. Wenn wir Stille wollen, den Sommer / auf dem Dorf / verbringen

_____

38. Wenn die Luft klar ist, man / die Berge / sehen können

   _____

39. Wenn der Pflug den Acker vergißt, dort / nichts / wachsen

   _____

*Restate each **wenn** clause in the general subjunctive. Form each conclusion clause with the future perfect tense of the general subjunctive.*

   Wenn ich Zeit hatte, ich / immer / spazierengehen
   Wenn ich Zeit *gehabt hätte, würde* ich *spazierengegangen sein*.

40. Wenn es wichtige Denkmäler gab, der Staat / sie / erhalten

   _____

41. Wenn die Denkmäler erhalten waren, die Touristen / kommen

   _____

42. Wenn alte Häuser wertvoll waren, man / sie rekonstruieren

   _____

Complete each answer with a modal clause in the present tense of the general subjunctive.

   Können Sie den Verkehr ertragen? Ich wohnte in der Stadt, wenn____
   Ich wohnte in der Stadt, wenn ich den Verkehr *ertragen könnte*.

43. Müssen Sie denn in der Stadt wohnen? Es wäre herrlich, wenn ich

   _____.

44. Wollen Sie einen Stall bauen? Was würden Sie tun, wenn ich

   _____?

45. Sollt ihr diese Wiese mähen? Wir hätten nicht genug Zeit, wenn wir

   _____.

46. Dürfen unsere Kinder hier radfahren? Es wäre prima, wenn sie

   _____.

175

47. Kannst du ohne ein Gewerbe Geld verdienen? Es wäre nett, wenn ich

_____.

48. Mußt du eine große Familie ernähren? Wäre es ein Problem, wenn ich

_____?

*Ask confirming questions, using **wirklich** and the past tense of the general subjunctive.*

> Früher konnte ich den Autoverkehr ertragen.
> ***Hättest** du den Autoverkehr wirklich **ertragen können?***

49. Ihr durftet die Sache nicht erwähnen.

_____

50. Der Bürgermeister wollte alle Denkmäler erhalten.

_____

51. Die Kinder sollten den Sommer auf dem Land verbringen.

_____

52. Die Bewohner mochten keine Opfer bringen.

_____

53. Du konntest damals die Landkarte nicht finden.

_____

Put each passive auxiliary in the present tense of the general subjunctive.

> Es wäre besser, _____
> (Wenn ein Denkmal gebaut wird)
> **Es wäre beser, wenn ein Denkmal gebaut würde.**

54. Es wäre besser, _____
     (Wenn wir gut ernährt werden . . .)

55. Es wäre besser, _____
     (Wenn die Sache erwähnt wird . . .)

56. Es wäre besser, _____
     (Wenn immer Schürzen getragen werden . . .)

57. Es wäre besser, _____
     (Wenn die Wiese gemäht wird . . .)

176

58. Es wäre besser, _____
    (Wenn unser Stall repariert wird . . .)

Put each passive auxiliary in the past tense of the general subjunctive.

    Wir dachten, daß _____
    (Der Stall wurde gestern repariert.)
    Wir dachten, daß der Stall gestern repariert worden wäre.

59. Wir dachten, daß _____ *Wäre begonnen worden.*
    (Der Krieg wurde von den Deutschen begonnen.)

60. Wir dachten, daß _____
    (Viele Denkmäler sind rekonstruiert worden.)

61. Wir dachten, daß _____
    (Die Siedlung wurde wirklich erwähnt.)   *Wäre*
                                  2

62. Wir dachten, daß _____
    (Alle Forderungen für gutes Wohnen wurden erfüllt.)

63. Wir dachten, daß _____
    (Die Jungendherberge wurde viel besucht.)

Complete each statement with the suggested modal phrase in the general subjunctive.

    Der Bürgermeister bestimmte, daß (der Stall muß gebaut werden.)
    Der Bürgermeister bestimmte, daß der Stall gebaut werden *müßte*.
    Für die Kühe (ein Stall mußte gebaut werden.)
    Für die Kühe *hätte* ein Stall gebaut werden *müssen*.

64. Für die Flüchtlinge   (eine neue Stadt muß gegründet werden.)

    _____

65. Trotz des Regens   (alle Wiesen sollen heute gemäht werden.)

    _____

66. Um der Sicherheit willen   (das durfte nicht erwähnt werden.)

    _____

67. Glaubst du,   (diese Schürze konnte noch oft getragen werden.)

    _____?

68. Hätten wir kein Geld,   (unsere Schweine müssen verkauft werden) dann

_____

Change the sequence of the statements and make them hypothetical.

    Wenn sie den Lärm ertragen können, wohnen sie in der Stadt.
    Sie *wohnten* in der Stadt, wenn sie den Lärm *ertragen könnten*.

69. Wenn ihr in der Kleinstadt wohnt, könnt ihr radfahren.

_____

70. Wenn wir zu Fuß gehen, brauchen wir nichts zu fürchten.

_____

71. Wenn es ein nettes Gasthaus gibt, gehen wir dort tanzen.

_____

*Restate each sentence in the general subjunctive, omitting **wenn**.*

    Wenn sie den Verkehr ertragen können, wohnen sie in der Stadt.
    ***Könnten* sie den Verkehr ertragen, *wohnten* sie in der Stadt.**

72. Wenn wir uns an den Lärm gewöhnen, hören wir ihn nicht mehr.

_____

73. Wenn er in die Weinstube geht, gibt ihm der Wirt die Hand.

_____

74. Wenn er spät nach Hause muß, nimmt er den Bus.

_____

469–470   *React to each statement with an unreal wish, retaining the given tense. Omit **wenn** in the past tense clauses.*

    Leider hat er keinen guten Geschmack.
    Wenn er nur guten Geschmack *hätte*!
    Leider hatte er keinen guten Geschmack.
    ***Hätte* er nur guten Geschmack *gehabt*!**

75. Leider wohne ich nicht in der Großstadt.

_____

76. Wir haben keine Blumen vor der Tür.

   _____

77. Meine Kinder konnten hier nicht zu Fuß gehen.

   _____

78. Wir hatten nicht viele Kühe oder Pferde im Stall.

   _____

472   *Complete each **als ob**-clause as an unreal comparison in the tense indicated.*

   Er sieht aus, als ob (present: sich schlecht fühlen)
   Er sieht aus, als ob er sich schlecht *fühlte*.
   Er sieht aus, als ob (past: sich schlecht fühlen)
   Er sieht aus, als ob er sich schlecht *gefühlt hätte*.

79. Jeder tut, (present: er / alle kennen)

   _____

80. Es scheint, (present: man / beobachtet werden)

   _____

81. Sie sah aus, (past: sie / den Sommer / auf dem Dorf verbringen)

   _____

82. Heute tun die Bewohner, (past: sie / ihre Kleinstadt lieben)

   _____

83. Die Leute rennen, (present: sie / ein Feuer / löschen müssen)

   _____

473–477   *Use the general subjunctive to express assumption, doubt, politeness, or possibility.*

84. Wir glaubten alle, der Staat wird die Denkmäler erhalten.

   _____

85. Sie hoffen, sie müssen ihre Pferde nicht verkaufen.

   _____

86. Der Pfarrer bat, kann jemand den Bürgermeister holen?

_____

87. Wir wissen schon, ob Großstadt oder Kleinstadt besser ist!

_____

478–481   Complete each sentence with the indicative general or special subjunctive as required by the introductory phrase.

88. (Renate / auf einem Bauernhof / leben)

Hans berichtete, daß _____ .

Er glaubt nicht, daß _____ .

Hans tat, als ob _____ .

89. (die ländliche Stille / herrlich sein)

Er erzählt immer, daß _____ .

Wir hatten nicht das Gefühl, daß _____ .

90. (er / ein Pferd kaufen / wollen)

Ich weiß, daß _____ .

Er sagte nicht, ob _____ .

Ich gäbe ihm Geld, wenn _____ .

482–485   Answer each question by changing the quotation to indirect speech.

91. Meine Mutter sagte: „Im Keller darfst du nicht radfahren." Was hat deine Mutter gesagt?

_____

92. Herr Meyer schrieb: „Die Sache ist überschaubar." Was hat er geschrieben?

_____

93. Die Gäste stellten fest: „Der Geschmack des Huhns war herrlich." Was haben die Gäste zum Kellner gesagt?

_____

94. Der Bauer fragte: „Ist die Wiese schon gemäht?" Was fragte er?

_____

95. Der Gelehrte schrieb: „Jeder Bewohner mußte bestimmen, ob er Opfer des Faschismus war." Was hat der Gelehrte geschrieben?

_____

_____

96. Unser Pfarrer erzählte: „Im Krieg ging ich viele Stunden hinter dem Pflug." Was hat der Pfarrer erzählt?

_____

97. Die Bäuerin fragte mich: „Willst du im Stall deine Schürze tragen?" Was hat sie dich gefragt?

_____

486 *Change the direct into indirect commands.*

98. Die Regierung proklamierte: „Bürger, erhaltet eure Denkmäler!"

_____

99. Die Bewohner fordern: „Baut uns gute, billige Wohnungen!"

_____

100. Mein Mann sagte: „Nimm die Landkarte und suche die Stadt!"

_____

Der Artikel berichtet:

489 *Restate as indirect speech. Remember to use the general subjunctive if the special subjunctive is identical to the indicative.*

101. „In der Kleinstadt kann man noch Fahrrad fahren. Aber gestern

_____

ist leider ein Unfall passiert. Ein Auto hat einen Radfahrer über-

_____

fahren. Der Fahrer schwört, er wäre nicht zu schnell gefahren. Man

_____

kann ihm glauben, denn die Straße ist nicht überschaubar."

_____

102. „Niemand braucht neue Spielplätze, denn die sind schon da;

_____

die Natur gehört zum täglichen Leben. Es gibt noch Bauernhöfe. Die

_____

Kinder können beschreiben, wie ein Pferd aussieht, und wer hinter

_____

dem Pflug geht. Das Essen im Restaurant ist gut, und wenn man

_____

kommt, gibt einem der Wirt die Hand. Das ist ein schönes Gefühl."

_____

103. „Denkmäler werden in der DDR vom Staat erhalten. Aber sie

_____

verlangen viel Pflege. Daran hat es lange gefehlt, solange nämlich

_____

Krieg war. Doch heute gilt der Rekonstruktion große Aufmerksam-

_____

keit, obwohl sie viel kostet. Die alten Städte sind lebende Zeug-

_____

nisse sozialer Entwicklungen und halten alte Tradition en wach. Ohne

_____

sie wäre viel Interessantes verloren."

_____

490–491   Translate these well-known phrases.

104.   Thank God!   (God be thanked!) _____

105.   (the) Heaven help us! _____

106.   God be with you! _____

CHAPTER IX: STADT UND LAND

ACTIVE VOCABULARY: C TEXT

Verbs

ab·nehmen (i), a, o	to remove
an·sprechen (i), a, o	to approach; to address
an·stoßen (ö), ie, o	to nudge
auf·passen	to pay attention, mind
auf·setzen	to put on
besorgen	to take care of
bluten	to bleed
ein·sehen (ie), a, e	to realize
Feuer an·machen	to light a fire
heilen	to heal
los·lassen (ä), ie, a	to let go
sich lustig machen (über)	to make fun (of)
schießen, o, o	to shoot
stammen aus	to come from
sich trennen (von)	to separate (from)
übrig sein (+ sein)	to be left
um·fallen (ä), ie, a (+ sein)	to fall over
sich um·sehen (ie), a, e	to look around
verbieten, o, o	to forbid
weg·nehmen (i), a, o	to take away

Nouns

der Bauch, ⸚e	belly
das Fell, -e	fleece

das Frühjahr, -e	spring
der Geruch, ÷e	smell
die Grube, -n	ditch
das Heer, -e	army
das Kinn, -e	chin
die Mütze, -n	cap
das Schaf, -e	sheep
die Stirn, -en	forehead
der Versuch, -e	attempt

Other Words

hauptsächlich	mainly
mager	skinny, lean
unmittelbar	direct, immediate
vernünftig	reasonable
zäh	tough

457–459 *Identify each statement as indicative (I), general (G), or special (S) subjunctive.*

1. Um die Zeit ist der Zug weg. ———————

2. Sie hätte es schon geschafft. ———————

3. Er sagt, er bringe die Schafe bestimmt zur Raison. ———————

4. Da kommt sie nicht mehr raus. ———————

5. Das würde ich verbieten. ———————

460–461 *Cross out each verb and replace it with the present tense of the general subjunctive.*

6. Wenn du das besorgst ——————————————————— . . .

7. Wenn er das Schaf heilt ——————————————————— . . .

8. Wenn ihr euch über mich lustig macht ————————————— . . .

9. Wenn du dich von mir trennst ——————————————— . . .

10. Wenn sie aus Pommern stammt ——————————————— . . .

11. Wenn er sich umsieht ——————————————————— . . .

12. Wenn er den Rückzug antritt ——————————————— . . .

13. Wenn das Heer sich vorschiebt _____ . . .

14. Wenn ich dir das verbiete _____ . . .

15. Wenn nur ein Schaf übrig ist _____ . . .

465 *Cross out each verb and replace it with the past tense of the general subjunctive.*

16. Wenn seine Stirn geblutet hat _____ . . .

17. Wenn du das eingesehen hast _____ . . .

18. Wenn sie den Versuch machte _____ . . .

19. Wenn ein Schaf in die Grube fiel _____ . . .

20. Wenn er allein übrig war _____ . . .

Reject each statement, using the future of the general subjunctive.

>Er arbeitet auf dem Land. Und Sie?
>**Ich *würde* nicht auf dem Land arbeiten.**

21. Er macht sich über alles lustig. Sie auch?   (nicht)

_____

22. Er betrinkt sich manchmal. Ihr auch?   (nie)

_____

23. Ich bin gern mager. Und Sie?   (ungern)

_____

Reject each statement, using the future perfect of the general subjunctive.

>Er ist so spät nach Hause gekommen. Und seine Frau?   (nicht)
>**Seine Frau *würde* nicht so spät nach Hause *gekommen sein*.**

24. Ich habe nicht aufgepaßt. Und ihr?   (bestimmt)

_____

25. Meine Freunde haben das eingesehen. Deine auch?   (nicht)

_____

26. Wir haben das Schaf nicht geheilt. Und der Tierarzt? (schon)

_____

465 Make each conditional sentence hypothetical. Cross out the indicative form of each modal verb and replace it by the general subjunctive.

Wenn er nüchtern bleiben will ————————————— . . .
Wenn er nüchtern bleiben wollte

27. Wenn er schießen will ————————————————————— . . .

28. Wenn wir das verbieten sollen ——————————————— . . .

29. Wenn er Feuer anmachen darf ——————————————— . . .

30. Wenn wir den Versuch machen müssen ————————— . . .

Make each passive statement hypothetical. Cross out the indicative form of the auxiliary verb and replace it by the general subjunctive.

Wenn eine Grube gegraben *wird*
Wenn eine Grube gegraben *würde*

31. Wenn die Schafe geschoren (werden) ————————— . . .

32. Wenn solche Versuche verboten (werden) ————————— . . .

33. Wenn du angesprochen (wirst) ———————————————— . . .

*Make each passive statement hypothetical beginning with **bestimmt**.*

Die Grube wurde gegraben.
Bestimmt *wäre* die Grube *gegraben worden*.

34. Meine Nachbarn wurden auch eingeladen.

_____

35. Das Lamm ist geheilt worden.

_____

36. Seine Stirn war verwundet worden.

_____

Make each statement hypothetical. Identify and retain the given tense.

Wir dachten, _____
(Das Glas darf nicht gefüllt werden.)
Wir dachten, das Glas dürfte nicht gefüllt werden.　(present)
(Das Glas durfte nicht zerbrochen werden.)
Wir dachten, das Glas hätte nicht zerbrochen werden dürfen (past)

37.　Wir dachten, _____
　　　(Unser Heer kann nicht geschlagen werden.)

38.　Wir dachten, _____
　　　(Die Schafe müssen zur Raison gebracht werden.)

39.　Wir dachten, _____
　　　(Meine Freundin mochte gern angesprochen werden.)

Change the sequence of the statements and make them hypothetical.

Wenn er die Mütze abnimmt, sieht er besser aus.
Er *sähe* besser *aus*, wenn er die Mütze *abnähme*.

40.　Wenn er das Schaf heilt, blutet es nicht mehr.

　　　_____

41.　Wenn sie aus Pommern stammt, spreche ich sie an.

　　　_____

42.　Wenn sie den Rückzug antreten, nehmen sie die Hauptstraße.

　　　_____

43.　Wenn ihre Nase blutet, sieht sie nicht gut aus.

　　　_____

44.　Wenn du jetzt umfällst, machen wir uns lustig über dich.

　　　_____

*Make each statement hypothetical, omitting **wenn** in the condition clause.*

> Wenn der Zug weg ist, nehme ich den nächsten.
> **Wäre der Zug weg, *nähme* ich den nächsten.**

45. Wenn wir uns trennen, falle ich um.

_____

46. Wenn du das einsiehst, bist du vernünftig.

_____

47. Wenn dein Kinn blutet, rufe ich den Arzt.

_____

Make each statement hypothetical, using the future tense of the general subjunctive for the conclusion.

> Wenn der Zug schon weg ist, esse ich eine Wurst.
> **Wenn der Zug schon weg *wäre, würde* ich eine Wurst *essen.***

48. Wenn ich nicht aufpasse, nimmt er mir alles weg.

_____

49. Wenn er in der Stadt wohnt, sieht er hauptsächlich Autos.

_____

50. Wenn du Feuer anmachst, leuchtet es weit.

_____

Complete each conclusion clause in the past tense of the general subjunctive.

51. Wenn der Zug weggewesen wäre, (ich / eine Wurst essen)

_____

52. Wenn du aus Pommern stammtest, (ich / dich ansprechen)

_____

53. Wenn es Morgen gewesen wäre, (ich / den Kaffeegeruch bemerken)

_____

54. Wenn ich eine Mütze gehabt hätte, (ich / sie aufsetzen)

_____

55. Wenn das Tier ein dickeres Fell gehabt hätte, (es / nicht bluten)

_____

469–470   React to each statement with an unreal wish. Retain the given tense.

> Ich habe keine Zeit. **Wenn ich nur Zeit hätte!**
> Ich hatte keine Zeit. **Hätte ich nur Zeit gehabt!**

56. Mein Bauch tut so weh.

_____

57. Er setzt seine Mütze nicht auf.

_____

58. Er hat die Schafe nicht selbst besorgt.

_____

59. Unsere Kühe sind so mager.

_____

60. Wir wohnen unmittelbar an der Hauptstraße.

_____

*472   Complete each **als ob**-clause as an unreal comparison in the tense indicated.*

> Er sieht / sah aus, als ob er (krank sein)
> **Er sieht / sah aus, als ob er krank wäre.**   (present)
> **Er sieht aus, als ob er krank gewesen wäre.** (past)

61. Er schoß, als ob er   (ein Heer / vor sich haben)   (present)

_____

62. Er tut, als ob er   (den Geruch / nicht / ertragen können)   (past)

_____

63. Sein Bauch sah aus, als ob er   (zu viel / essen)   (past)

_____

189

64. Er stand unmittelbar vor mir, als ob er   (mit mir anstoßen wollen)   (present)

_____

65. Das Mädchen redet, als ob sie   (aus Pommern / stammen)   (present)

_____

66. Er sah aus, als ob er   (uns / den Versuch / verbieten)   (past)

_____

_473–477_   _Use the general subjunctive to express assumption, doubt, politeness or possibility._

67. Ich fragte, ob   (die Frau / aus Pommern / stammen)

_____

68. Er fragte, ob   (sie / mit ihm / anstoßen)

_____

69. Wir paßten auf, ob   (ihr / wirklich / umfallen)

_____

70. Sie fragte, ob   (das / alles sein)

_____

_462, 464, 465, 478–483_   _Change the quotations to indirect speech. Watch pronoun adjustments._

Er sagte zu mir: „Du erinnerst mich an den Inspektor."
Er sagte zu mir, ich erinnere ihn an den Inspektor.
Er sagte zu mir, daß ich ihn an den Inspektor erinnere.

71. Sie bemerkte: „Ich muß immer an das Frühjahr denken."

_____

72. Ein Mann sagte: „Ich will mit dem Boxer anstoßen."

_____

73. Wir machten uns lustig: „Du bist ja nicht mehr nüchtern."

_____

74. Er erzählte: „Morgens füllt der Geruch nach Kaffee das Hotel."

_____

478–483   *Complete each sentence with the suggested information, using the indicative general or a special subjunctive as required by the introductory clause.*

75.   (der letzte Zug / schon weg sein)

Er wußte bestimmt, daß _____

Er glaubte nicht, daß _____

Am Bahnhof tat man, als ob _____

Der Beamte sagte, daß _____

76.   (er / noch genau wie damals / aussehen)

Ich findle, daß _____

Meine Freunde dachten nicht, daß _____

Sie konnte sich nicht vorstellen, daß _____

Der Arzt berichtete, daß _____

In der Erzählung steht.

Restate as indirect speech, retaining the tense and mood of the original quotation. (Remember to use the general subjunctive if the special subjunctive is identical to the indicative.)

77.   „Er sah genau so mager aus wie damals, als er vor seinen

_____

Schafen herging. Im Dorfe sagten sie immer, er hätte das zweite

_____

Gesicht; aber das stimmte nicht, denn er hat selber das Forsthaus

_____

angesteckt. Er mochte dem Förster den Tod seines Hundes nicht ver-

_____

zeihen. Der Förster war im Recht. Aber das interessierte ihn nicht.

_____

78. „Im Frühjahr wurde die Wolle in Säcke gepackt und in den Bau-

_____

ernhof gebracht. Sie war fettig, man mußte sie tagelang waschen.

_____

Die geschorenen Schafe waren mager und sprangen herum: sie freuten

_____

sich, daß sie so leicht waren. Der Schäfer hatte alles selbst be-

_____

sorgt. Er brauchte keinen Helfer.“

_____

484–485 Change each direct question to indirect, following the introductory phrase given.

    Sie fragte mich: „Hat Ilse heute Geburtstag?“
    Sie fragten mich, *ob* Ilse heute Geburtstag *habe*.

79. Der Förster wollte wissen: „Wie geht es dem Hund?“

_____

80. Leo fragte mich: „Machst du dich über uns lustig?“

_____

81. Ich fragte ihn: „Wie finden Sie meine magere Figur?“

_____

486 Change the direct into indirect commands.

    Sie sagte zu mir: „Setzen Sie Ihre Mütze auf!“
    Sie sagte zu mir, *ich solle* meine Mütze aufsetzen.
    Sie sagte, daß *ich* meine Mütze aufsetzen *solle*.

82. Meine Freunde baten ihn: „Kommen Sie doch mit!“

_____

83. Ich schrie ihnen zu: „Macht euch nicht über Hans lustig!“

_____

84.   Er warnte uns: „Fallt nicht in die Grube!"

_____

85.   Sie befahl plötzlich: „Tanz mit mir!"

_____

490–491   Express these well-known phrases in German.

86.   Long live the king!

_____

87.   [may] You all be happy!

_____

88.   [may] He rest in peace.

_____

CHAPTER X: GETEILTES DEUTSCHLAND

ACTIVE VOCABULARY: A, B, AND C TEXTS

Verbs

ab·sperren	to close off
auf·reißen, i, i	to tear open
betonen	to emphasize, stress
betreten (i), a, e	to enter
ein·führen	to introduce, establish
fliehen, o,o (+sein)	to flee
gestatten	to permit
schätzen	to estimate
sichern	to safeguard, secure
teilen	to divide
töten	to kill
unter·gehen, i, a (+sein)	to perish
vor·legen	to present
zielen (auf)	to aim (at)

zwingen	to force
zusammen·fassen	to summarize

Nouns

der Befehl, -e	order, command
die Bewachung	surveillance
die Erkenntnis, -se	insight
die Flucht	escape
die Genehmigung, -en	permission
der Graben, ⸚	ditch
die Herrschaft	rule
die Konkurrenz	competition
die Maßnahme, -n	measure
die Ordnung, -en	order, rule
der Personalausweis, -e	identification card
der Posten, -	guard
die Quelle, -n	source
die Rakete, -n	rocket
der Stacheldraht, ⸚e	barbed wire
die Trennung, -en	division
die Übergangsstelle, -n	crossing point
die Unterdrückung, -en	suppression
der Vertrag, ⸚e	treaty
das Visum, die Visa (-s)	visa
die Wiedervereinigung, -en	reunification

Other Words

bereit	ready, prepared
künstlich	artificial

492–493   Underline the suitable adverb and mark the place(s) where it could be inserted.

1. Die Deutschen schätzen die Trennung nicht.   (natürlich, oft)

2. Schüler der neunten Klasse machten eine Umfrage.   (bald, nun)

3. Sie kannten negative Bilder vom anderen Land.   (sicher, nur)

4. Die Menschen leben wie in einem Gefängnis.   (jedenfalls, immer)

5. Wir sahen Zeichen unmenschlicher Unterdrückung.   (manchmal, mehrmals)

494–496   Complete each statement with a suitable adverb of time.

6. Die Deutschen wurden _____ gezwungen, den Vertrag zu unterschreiben.   *(at that time, sometimes, up to now)*

7. _____ betonten Politiker dieselbe Nationalität der Deutschen in West und Ost. *(tomorrow, afterwards, recently)*

8. Man hat aber _____ Personalausweise eingeführt. *(once more, afterwards, daily)*

9. Mehrere Bürger sind _____ vor der strengen Bewachung geflohen. *(often, frequently, recently)*

497 Complete each statement with a suitable adverb of cause.

10. Viele Menschen sind _____ auf der Flucht untergegangen. *(in any case, for that reason)*

11. Die Posten an den Übergangsstellen sind _____ nicht beliebt. *(for this reason, nevertheless)*

12. Der Beamte betonte, daß wir _____ ohne Visum reisen dürfen. *(because of him, nevertheless)*

13. _____ ist die Bewachung der Grenze nicht streng. *(otherwise, accordingly)*

498–499 Complete each statement with a suitable adverb of manner.

14. _____ faßte er seine Gedanken über die Wiedervereinigung zusammen. *(artificially, slowly, certainly)*

15. _____ sind Flüchtlinge als Informationsquelle willkommen. *(fortunately, by chance, thank God)*

16. Wir betraten die Übergangsstelle _____ . *(quickly, with displeasure, quietly)*

17. Der Posten gestattete uns _____ , den Graben anzusehen. *(politely, fortunately)*

500 Complete each statement with a suitable adverb of place.

18. Eine bessere Ordnung und Bewachung mußte _____ eingeführt werden. *(over there, inside, from above)*

19. Die Soldaten haben also die Straßen _____ aufgerissen. *(to this place, here and there, to the outside)*

20. Der Posten sperrte den Weg _____ ab. *(to the left, up[wards], down[wards], towards the rear)*

21. Wir mußten den Personalausweis _____ vorlegen. *(over there, on the right, in the rear, down there)*

501–504   Complete each statement with an adverb of quantity or degree.

22. Ein neuer Befehl trennte die Sektoren _____ . *(completely, somewhat)*

23. Aber die Ostdeutschen schätzen Verwandtenbesuche _____ . *(very much, especially)*

24. Wir konnten die Genehmigung für unseren Besuch _____ leicht bekommen. *(very, rather, tolerably)*

25. Die Bewachung an den Übergangsstellen war _____ streng. *(especially, very, too)*

26. Von den Gräben mit Stacheldraht hatten wir _____ wenig gehört. *(somewhat, too, much too, especially)*

494–504   Underline and identify the adverbs in each sentence: time (T), cause (C), manner (M), place (P), quantity-degree-nuance (Q).

27. Mitten durch Deutschland geht seit 1945 eine Grenze.

28. Jugendliche in Westdeutschland sind selten arbeitslos.

29. Wegen der oft unmenschlichen Unterdrückung sind immer viele Menschen zur Flucht nach drüben bereit.

30. Daher hören etwa 50% der Ostdeutschen abends Westprogramme.

31. Viertausendmal wurde bis jetzt an der Friedensgrenze geschossen, meistens ganz gezielt.

32. Damals brauchte man selten eine Genehmigung, um von Osten nach Westen zu reisen.

33. Heutzutage ist das Betreten des Ostsektors ohne Visum nicht gestattet.

34. Früher wurden ziemlich viele Menschen bei Fluchtversuchen aus der DDR an der Mauer getötet.

Rewrite each statement incorporating all adverbial phrases given.

35. Einheiten der Volkspolizei sperren die Grenze ab. (zwischen dem Sowjetsektor und West-Berlin / in den frühen Morgenstunden)

_____

_____

36. Das Regierungsviertel wird abgesperrt.   (nachts 2 Uhr / ganz hermetisch)

_____

_____

37. Der U-Bahnverkehr wird eingestellt.   (auf Befehl des Kommandanten / nach Osten / ab morgen)

_____

_____

38. Wir können Aufenthaltsgenehmigungen bekommen.   (nach Vorlegen des Personalausweises / wie bisher)

_____

_____

39. Sie ziehen Gräben und reißen die Straßen auf.   (früh morgens / an der Sektorengrenze / so schnell wie möglich)

_____

_____

40. Der Posten darf das Betreten der Grenze gestatten.   (auf Grund dieser Maßnahme / ab sofort / nicht mehr)

_____

_____

41. Die Mauer wurde gebaut.   (1961 / von der DDR / in Berlin)

_____

_____

42. Viele Menschen wurden getötet. (in den letzten zwanzig Jahren / sehr / bei Fluchtversuchen / aus der DDR)

_____

_____

505–512 Answer each question with the predicate adjective in the comparative form with or without **noch**.

Bei Kindern ist das Interesse klein. Und bei Jugendlichen?
Bei Jugendlichen ist das Interesse *noch kleiner*.

43. Aufenthaltsgenehmigungen gibt es wenige. Und Visa?

_____

44. Bei mir ist die Reiselust immer sehr stark. Bei dir auch?

_____

45. Die dauernde Trennung Deutschlands scheint unmöglich. Und die Wiedervereinigung?

_____

46. Die Konkurrenz auf dem Nachrichtenmarkt ist sehr groß. Und im Fernsehen?

_____

Answer each question, using the comparative form of the adverb with or without **noch**.

Ein Graben muß langsam gezogen werden. Und Stacheldraht?
Stacheldraht muß *noch langsamer* gezogen werden.

47. So ein Graben sperrt das Gebiet gut ab. Eine Mauer auch?

_____

48. Unsere Raketen fliegen sicher. Eure auch?

_____

49. So ein Visum kostet viel. Und ein Personalausweis?

_____

50. Die Reise mit der Bahn geht schnell. Und mit dem Flugzeug?

_____

198

51. Eine Reisegenehmigung ist schwer zu bekommen. Und ein Visum?

_____

Complete each statement with the comparative of the predicate adjective.

52. Auf dem Nachrichtenmarkt wird die Konkurrenz jedes Jahr _____ .
     (groß)

53. Die Zeitungen in der DDR sind einander _____ als die in der
     Bundesrepublik.   (ähnlich)

54. Seit dem Bau der Mauer ist Besuch aus der Bundesrepublik _____ als
     früher.   (willkommen)

55. In den sechziger Jahren wurden die Befehle der Warschauer Vertragsstaaten

     _____ .   (scharf)

56. Die Bewachung an der Grenze ist heutzutage _____ als vor ein paar
     Jahren.   (genau)

57. Den Personalausweis zu verlieren ist _____ als alles andere.   (schlimm)

58. Sag mir, welche Übergangsstelle _____ ist.   (nah)

59. Ich wohne im Zentrum; das ist _____ als dieser Vorort.   (interessant)

Complete each statement with the superlative of the predicate adjective.

60. Auf dem westdeutschen Nachrichtenmarkt ist die Konkurrenz natürlich_____ .
     (groß)

61. Die Zeitungen aus dem Westen sind einander _____ .
     (ähnlich)

62. _____ von allen Besuchern sind die Leute aus der
     Bundesrepublik.   (beliebt)

63. _____ unter den politischen Systemen findet man die
     Herrschaft eines Diktators.   (schrecklich)

64. Den Personalausweis zu verlieren ist _____ von allem, was
     dir passieren kann.   (schlimm)

65. Welche Übergangsstelle ist _____? (nah)

66. An welcher Stelle ist die Bewachung _____? (scharf)

67. Nachdem wir ganz Berlin gesehen hatten, schien uns das Zentrum_____.
(interessant)

Form statements, using the superlative form of the adverbs.

68. von allen möglichen Grenzen / eine Mauer / trennen / künstlich

_____

69. die Berliner / bezahlen müssen / immer / teuer

_____

70. dieses Land / sein Überleben sichern / künstlich

_____

71. dieser Posten hier / schießen / gezielt

_____

72. die neuen Raketen / fliegen / sicher

_____

73. westliche Zeitungen / miteinander konkurrieren / scharf

_____

74. Stacheldraht / den Flüchtlingsstrom / stoppen / schnell

_____

75. von allen Offizieren / dieser Hauptmann / zielen / gut

_____

Complete each answer, using the adjective in the comparative form.

Stacheldraht ist *eine gute Methode*, Ordnung zu garantieren.
Ja, aber _____ wären internationale Verträge.
Ja, aber *eine bessere Methode* wären internationale Verträge.

76. *Eine beliebte Reise* geht nach Ost-Berlin. Ja, aber _____ geht
nach Weimar, wo Goethe gewohnt hat.

77. Hat die Polizei wirklich *sichere Informationsquellen*? Vielleicht, aber der Staat hat

    noch _____ .

78. Dieser Graben ist sicher *eine gefährliche Grenze*. Ja, aber _____
    ist immer der Stacheldraht.

79. Die Regierung verlangt *eine genaue Bewachung* der Gefängnisse, nicht wahr? Das stimmt, ab

    morgen soll es wirklich _____ geben.

80. Man wollte *eine scharfe Ordnung* einführen. Aber die Bevölkerung protestierte gegen

    _____ .

Rewrite each statement with the adjective in the superlative form.

> *Eine beliebte* Reise geht nach Ost-Berlin.
> **Die beliebteste Reise geht nach Ost-Berlin.**

81. Der Staat hat *eine sichere Informationsquelle*.

    _____

82. Dissidenten erleiden oft *eine unmenschliche Unterdrückung*.

    _____

83. Die neue Ordnung garantiert *eine genaue Bewachung*.

    _____

84. Man griff zu *künstlichen Maßnahmen*.

    _____

Form comparative statements from the elements given.

> die Vororte / beliebt sein / das Zentrum   (nicht so)
> **Die Vororte sind *nicht so beliebt wie* das Zentrum.**

85. die Arbeitslosigkeit in der DDR / groß sein / in Westdeutschland   (nicht so)

    _____

86. man / ein Visum / schwer bekommen / eine Aufenthaltsgenehmigung   (ebenso)

    _____

87. die Konkurrenz bei den Zeitungen / scharf sein / beim Fernsehen   (genauso)

_____

88. die Mauer / künstlich trennen / der Stacheldraht   (ebenso)

_____

89. dieser Posten / genau zielen / die anderen Soldaten   (nicht so)

_____

Answer with the comparative, using **immer** *when required.*

Sind die Gräben hier so breit wie in der DDR? Nein, dort sind
Nein, dort sind sie *breiter.*
Es ist wohl schwer, ein Visum zu bekommen? Ja, und es wird
Ja, und es wird *immer schwerer.*

90. Ist die Bewachung im Zentrum so *scharf* wie an der Grenze? Nein, an der Grenze ist sie

_____

91. In der Bundesrepublik gibt es *gute* Sportler. Und in der DDR? Dort gibt es

_____

92. Glauben Sie, der neue Vertrag ist *gut*? Nein, der alte war

_____

93. Ist die Flucht aus dem Osten heute gefährlich? Ja, sie wird

_____

94. Sind die Raketen teuer? Ja, und in jedem neuen Budget werden sie

_____

Fill in the required comparison forms after **ie** *and* **desto**.

ein Graben: breit / tief
Je breiter [er ist], desto tiefer [ist er].

95. ein Schuß: gezielt / tödlich

_____

96. eine Reise: weit / beliebt

_____

97. die Wiedervereinigung: spät / unmöglich

_____

98. eine Trennung: lang / traurig

_____

CHAPTER X: GETEILTES DEUTSCHLAND

ACTIVE VOCABULARY: D AND E TEXTS

Verbs

auf·fordern	to ask, to demand
aufmerksam machen (auf)	to point out
aus·packen	to unpack
sich befinden, a, u	to be
sich begeben (i), a, e	to go, proceed
begleiten	to accompany
begründen	to give a reason
sich beherrschen	to control oneself
davon·kommen, a, o (+ sein)	to get off
empfinden, a, u	to feel
entlassen (ä), ie, a	to release
entziehen, o, o	to take away
sich erhängen	to hang oneself
erschießen, o, o	to shoot dead
gestehen, a, a	to confess
klingen, a, u	to sound
recht behalten (ä), ie, a	to prove right
das Recht haben	to have the right
saugen	to suck
statt·finden, a, u	to take place
unterschreiben, ie, ie	to sign
sich weigern	to refuse

Nouns

die Drohung, -en	threat
die Fahne, -n	flag

die Gabel, -n	fork
der Hauptmann, -leute	captain
der Kugelschreiber, -	ball point pen
der Lehrling, -e	apprentice
die Träne, -n	tear
die Unterhose, -n	underpants
die Unterschrift, -en	signature
das Wohnheim, -e	dormitory

Other Words

eben	just now
unruhig	nervous, restless
unsichtbar	invisible

492–493   Underline the suitable adverb(s) and mark the place where they would be inserted.

1. Er arbeitete als freier Schriftsteller.   (damals, oft, seitdem)

2. Er kann den Lehrlingen guten Rat geben.   (leider, manchmal)

3. Jeder Lehrling ist für seine Arbeit verantwortlich.   (immer, jedenfalls)

4. Er muß sich dafür verpflichten.   (meistens, dann, freiwillig)

5. Er muß viele Dokumente unterschreiben.   (eben, bald, deshalb)

494–496   Complete each statement with an appropriate adverb of time.

6. _____ wurden wir von dem Jungen beschossen.   *(already, frequently)*

7. _____ erwischte uns das Feuer.   *(at once, a short time ago, just now)*

8. Das geht mir _____ auf die Nerven.   *(since then, soon, still)*

9. Er soll _____erschossen werden.   *(right away, tomorrow morning)*

10. Aber er hat sich _____ mit der Unterhose erhängt.   *(already, at that time, the day before yesterday)*

497   Complete each statement with an appropriate adverb of cause.

11. Ich habe mich _____ sofort ins Wohnheim begeben.   *(therefore, for that reason)*

12. Ich bin _____ für die Gruppe verantwortlich. *(accordingly, nevertheless)*

13. Ich muß _____ Manöver vorbereiten. *(nevertheless, consequently)*

14. Ich konnte mich _____nicht mehr beherrschen. *(in spite of that, in any case)*

15. Sei still, mir kommen _____ die Tränen. *(otherwise, for your sake)*

498–499   *Complete each statement with an appropriate adverb of manner.*

16. _____ hat er Pistolenschießen gelernt. *(by chance, in vain)*

17. Er hat gefragt, wer _____ Pistole schießen möchte. *(gladly, mainly)*

18. Ein Junge hat sich _____ gemeldet. *(quickly, responsibly)*

19. Er wollte _____ Hauptmann werden. *(in that manner, just)*

20. Er begründete sein Interesse _____ . *(slowly, attentively)*

500   *Complete each statement with an appropriate adverb of place.*

21. Der Hauptmann soll _____ kommen. *(forward, to this place, from there, from the right)*

22. Haben sie _____ einen Deserteur erwischt? *(over there, outside)*

23. Man hat ihn _____ erschossen. *(from behind, up there, here)*

24. Die Feier findet _____ statt. *(up there, inside, over there)*

25. Wir wurden aufgefordert, uns _____ zu begeben. *(to that place, outside, upwards, downwards, forward, backwards)*

501–504   Complete each statement with an adverb of quantity or degree.

26. Warum müssen _____ die Lehrlinge recht behalten?   *(especially, only)*

27. Dieser Junge hat _____ alles gestanden.   *(almost, nearly)*

28. Im Gefängnis ging es ihm _____ schlechter.   *(somewhat, much, by far)*

29. Dort klangen die Befehle _____ wie Drohungen.   *(approximately, almost, very, rather)*

30. Zuletzt sind sie alle _____ leicht davongekommen.   *(pretty, somewhat, too, by far too)*

Der Lehrling und die Bibel.

494–504   Underline and identify the adverbs in each sentence: time (T), cause (C), manner (M), place (P), quantity-degree-nuance (Q).

31. Im Wohnheim legt er eben die Bibel auf seinen Tisch.

32. Deshalb macht ihn der Erzieher höchst ärgerlich auf seinen Fehler aufmerksam.

33. Hat er wirklich das Recht, dem Jungen sofort sein Buch zu entziehen?

34. Der Lehrer weigerte sich natürlich, den Fall vor den anderen Lehrlingen zu diskutieren.

35. Am gleichen Tag kamen die Polizisten von hier ins Wohnheim.

36. Jedenfalls forderte ihn der Polizist streng auf, jetzt freundlicherweise mit dem Kugelschreiber zu unterschreiben.

37. Der Jugendliche empfand deshalb die Unterschrift etwa wie eine Gefahr.

38. Trotz seiner Tränen mußte der Lehrling jetzt fast alle seine Bücher auspacken.

39. Seitdem befinden sich sehr wenige Bibeln in sozialistischen Studentenheimen.

Die Probleme des Lehrlings.

Complete each statement with the adverbs and adverbial phrases given.

Er wollte sein Examen machen und sollte zur Armee.   (in kurzer Zeit / nach Sachsen / im Sommer)
In kurzer Zeit wollte er sein Examen machen und sollte im Sommer nach Sachsen zur Armee.

40. Der Lehrling wurde gerufen.   (zu einem Beamten / eines Abends / leider)

41. Er sollte sich verpflichten, nicht zu reisen.   (legal / während der Weltfestspiele / in die Hauptstadt)

    _____

42. Hat er das Recht zu trampen?   (im Sommer / während des Urlaubs / hier oder dorthin)

    _____

43. Der Paß wurde ihm entzogen.   (jedenfalls / zwei Tage vor Beginn seines Urlaubs / ohne Begründung)

    _____

44. Michael weigerte sich, alles auszupacken.   (dummerweise / auf dem Bahnsteig / laut und energisch)

    _____

45. Man entließ ihn.   (von der Polizei / gegen vierundzwanzig Uhr / mit Drohungen)

    _____

46. Er wollte Urlaub machen.   (gern / im Gebirge / dieses Jahr)

    _____

47. Der junge Mieter wollte davonkommen.   (gern / so schnell wie möglich / aus dem Haus)

    _____

48. Er unterschrieb.   (mit dem Kugelschreiber / auf dem Papier)

    _____

49. Die Fahne begleitete uns.   (unsichtbar / von morgens bis abends / auf unseren Wegen)

    _____

505–512   *Complete each answer with the predicate adjective in the comparative form with or without* **noch**.

    War es *schlimm*, kein Visum zu bekommen?
    Ja, aber _____ , den Ausweis zu verlieren.
    Ja, aber es war *schlimmer*, den Ausweis zu verlieren.

50. War die Mutter die ganze Zeit *beherrscht*? Ja, aber die Polizisten _____

51. Eure Fahnen sind *blau*, nicht wahr? Ja, nicht mal der Himmel _____

52. Dieses Spielzeug war besonders *teuer*, ja? Nein, der Kugelschreiber _____

53. Ist das Schulheim *nah*? Na, der Sportplatz _____

54. Sah der Pfarrer *unruhig* aus? Nein, die Leute in der Kirche waren _____

55. Ist es *gefährlich*, so eine Unterschrift zu geben? Bestimmt, und für einen Lehrling ist es _____

56. Klangen die Worte des Hauptmanns *scharf*? Ja, und seine Drohungen klangen _____

Complete each statement, inserting the underlined adjective in the comparative form.

> Sie haben wohl wenig Zeit?
> Ja, mit jedem neuen Jahr habe ich _____ .
> **Ja, mit jedem neuen Jahr habe ich *weniger* Zeit.**

57. Spielzeug kostet viel Geld. Das stimmt, jedes Jahr kostet es _____ Geld.

58. Ein Pfarrer gibt immer guten Rat. Stimmt nicht! _____ Rat bekommt man immer von seiner Familie.

59. Ich möchte den teuren Kugelschreiber. Der ist gut, aber der _____ Kugelschreiber hier ist vielleicht noch besser.

*Answer each question, using the comparative form of the adverb with or without **noch**.*

> Den Sportplatz habt ihr *gut* gebaut. Und das Schulheim?
> **Das Schulheim haben wir *noch besser* gebaut.**

60. Michael ist *leicht* davongekommen. Und der andere Lehrling?

_____

61. Der Direktor begründete seine Argumente *genau*. Und der Beamte?

_____

62. Die Mädchen haben ihre Fahne *hoch* gehalten. Die Jungen auch?

_____

Complete each statement with the comparative form of the predicate adjective.

63. Unsere Jungs sind immer _____ mit dem Essen fertig als unsere Mädchen.   (schnell)

64. Ihre Gabeln sind nämlich viel _____ als sie sein sollten.   (voll)

65. Für Kinder sind Drohungen _____ als für Erwachsene.   (schwer)

66. Für Kinder ist es auch _____ , Tränen zu zeigen.   (leicht)

67. Bald wurden uns die Worte des Hauptmanns _____ .   (klar)

Complete each statement with the superlative of the predicate adjective.

68. Der Rat meines Vaters war immer _____ .   (klug)

69. Auf dem Hauptbahnhof sind die Bahnsteige _____ .   (lang)

70. Für Unterschriften ist ein Kugelschreiber _____ .   (praktisch)

71. Inges Gabel und ihr Teller sind immer _____ .   (voll)

72. Diesmal sind die Mieter _____ davongekommen.   (billig)

73. Der Kleinste wurde natürlich _____ erwischt.   (schnell)

Form statements, with the superlative form of the adverbs.

74. unsere Soldaten / schießen / weit

_____

75. die Lehrlinge bei BMW / arbeiten / viel

_____

76. der klügste Direktor / recht behalten / lange

_____

77. man / mit so einem Kugelschreiber unterschreiben / gut

_____

78. er / für den Sozialismus / sich verpflichten / gern

_____

79. Michael / sein Argument begründen / logisch

_____

80. die Polizei / den Pfarrer entlassen / bald

81. unser Hauptmann / sich beherrschen / gut

Form statements with the adjectives in the superlative form.

82. der neue Mieter / die teure Miete / bezahlen

83. der Kleine / die volle Gabel / in den Mund / führen

84. ich / elegante Unterhosen / kaufen wollen

85. wir / scharfe Drohungen / hören müssen

86. der alte Hauptmann / zuletzt / entlassen werden

Form statements from the elements given.

Die Fahne / der Himmel / blau aussehen   (genauso)
Die Fahne sieht *genau so blau* aus *wie* der Himmel)

87. die Fahne / die Partei / alt sein   (genauso)

88. die Weigerung / die Unterschrift / schlimm sein   (ebenso)

89. der Pfarrer / der Lehrling / schnell entlassen werden   (nicht so)

90. der Soldat / der Hauptmann / schnell gestehen   (nicht so)

91. Tränen / Drohungen / gut sein   (nicht so)

_____

*Answer with the comparative of the adjective or adverb, using **immer** when required.*

   Kannst du dich *gut* beherrschen? Ja, jeden Tag
   Ja, jeden Tag kann ich mich *besser* beherrschen.

92. Weigert sich Michael auch so *laut* wie Hans? Nein, Hans

_____

93. Wohnt man im Wohnheim so *nett* wie zu Hause? Nein, zu Hause

_____

94. Unsere Lehrlinge arbeiten *viel*. Und eure? Unsere

_____

95. Glaubst du, dieser Mann ist *unruhig*? Ja, und er wird

_____

*Fill in the required comparison forms after **je** and **desto**.*

   Spielzeug einkaufen: viel / teuer
   Je mehr [man Spielzeug einkauft], desto teurer [ist es].

96. Auf dem Bahnsteig auspacken: schnell / gut

_____

97. Die Drohungen des Hauptmanns: viel / laut

_____

98. Ein Kugelschreiber: billig / schlecht

_____

99. In den Urlaub fahren: weit / interessant

_____

CHAPTER XI: AUS DER LITERARISCHEN TRADITION

ACTIVE VOCABULARY: A AND B TEXTS

Verbs

auf·nehmen (i), a, o	to receive
begrüßen	to greet, to acclaim
sich beruhigen	to calm down, grow quiet
beweisen, ie, ie	to prove
sich erweisen, ie, ie	to prove to be
inszenieren	to stage
langweilen	to bore
regieren	to reign, rule

Nouns

die Aufführung, -en	performance
die Ausstellung, -en	exhibition
der Empfänger, -	recipient
der Erwachsene, -n	adult
die Fußgängerzone, -n	pedestrian mall
der Hintergrund, ⸚e	background
der Höhepunkt, -e	climax
der König, -e	king
das Märchen, -	fairy tale
die Meldung, -en	report; news item
die Müdigkeit	fatigue
das Plakat, -e	poster
der Saal, Säle	auditorium, hall
das Schauspiel, -e	play
die Spannung	suspense
der Standpunkt, -e	point of view
der Turm, ⸚e	tower
die Vorstellung, -en	performance
der Zuschauer, -	spectator

Other Words

artig	well-behaved

517–518   Rewrite each statement in the passive voice.

1.   Die Erwachsenen begrüßen die Kinder.

2. Ein König regiert das Land.

_____

3. Wer inszeniert die Aufführung?

_____

4. Dieses Schauspiel langweilt alle Zuschauer.

_____

519–521   Form passive statements in the tenses provided.

5. die Austellung / eröffnet werden   (future)

_____

6. ein Drama von Brecht / inszeniert werden   (past perfect)

_____

7. die meisten Gäste / nicht begrüßt werden   (present)

_____

8. viele Vorstellungen / in diesem Saal / gegeben werden   (past)

_____

9. eure Argumente / nicht bewiesen werden   (present perfect)

_____

10. eine Fußgängerzone / gebaut werden   (future)

_____

Restate in the present perfect tense.

11. Wird starke Spannung erreicht werden?

_____

12. Warum wurde das Fest dieses Jahr nicht gefeiert?

_____

13. Die Schauspieler wurden schon gestern begrüßt.

_____

14. Wann wurde das Salz ins Wasser geschüttet?

_____

15. Was wird beim Fernsehen wirklich aufgenommen?

_____

_522–524_ _Rewrite each statement with the agent given._

16. Das Land wird nicht mehr regiert.   (dieser König)

_____

17. Die gute Meldung ist begrüßt worden.   (alle Empfänger)

_____

18. Ein großer Turm wird gebaut werden.   (die Stadt)

_____

19. Nur artige Kinder werden eingeladen.   (die Erwachsenen)

_____

20. Werden die alten Märchen erzählt?   (wer)

_____

Complete each statement with the agent cued, using **von, durch,** _or_ **mit** _as required._

21. Die meisten Kranken werden wirklich kuriert.   (die Ärzte)

_____

22. Manche Menschen werden besser kuriert.   (Medizin)

_____

23. Die Meldung wurde gesendet.   (das Fernsehen)

_____

24. Jeder Mensch wird gebildet.   (das Lesen)

_____

214

25. Wenige Zuschauer wurden erfreut.   (diese Vorstellungen)

    _____

26. Das Stück wurde 1989 aufgeführt.   (gute Schauspieler)

    _____

27. Das Schauspiel wurde 1831 beendet.   (Wolfgang von Goethe)

    _____

28. Manche Kinder sind beruhigt worden.   (der schöne Hintergrund)

    _____

29. Die Zeit für das Lesen wird oft reduziert.   (das Fernsehen)

    _____

30. Wird dieser Standpunkt noch heute vertreten?   (wer)

    _____

Restate in the passive voice, omitting the agent when appropriate. Keep the tense.

    Die Regierung veranstaltet Theatertage der Jugend.
    Theatertage der Jugend werden *von der Regierung* veranstaltet.

31. Wer hat diese Plakate aufgehängt?

    _____

32. Alle Zuschauer fühlten die Spannung.

    _____

33. Wann inszenieren wir ein Drama von Brecht?

    _____

34. Im Hintergrund hörte man verschiedene Meldungen.

    _____

35. Diesen Standpunkt habe ich nie vertreten.

    _____

36. Wie erweist man das Fernsehen als eine Gefahr?

   _____

37. Macht das Lesen die Menschen wirklich intelligenter?

   _____

38. Ein bekannter Musiker wird die Musik komponieren.

   _____

39. Man sieht das Lesen als Konkurrenz zu anderen Freizeitbeschäftigungen.

   _____

40. Ab heute vermehren wir die Feiertage!

   _____

41. Das Fernsehen mobilisiert keine geistigen Kräfte.

   _____

42. Das Visuelle bringt das Denken in den Hintergrund.

   _____

43. Ich schreibe das Manuskript mit der Hand.

   _____

Answer the questions in the passive voice, using the new passive subject and agent suggested. Keep the tense.

   Sie haben *den Text* selbst übersetzt, nicht wahr? Nein, _____ (Text / mein Sekretär)
   Nein, *der Text* ist *von meinem Sekretär* übersetzt worden.

44. Der König wird den Töchtern *alles* versprechen! Nein, (nichts / der König)

   _____

45. Wie beweist man *das*? (das / die Erfolge)

   _____

46. Spielte man auch *etwas* für die Kinder? Oh ja, (mehrere Opern)

   _____

216

47. Natürlich besitzen alle Bürger *ein Wörterbuch*, nicht wahr? Nein,   (ein Wörterbuch / nur wenige)

_____

48. Werden die Zuschauer *das Tempo* der Fernsehsendung mitmachen? Natürlich,   (das Tempo / alle Zuschauer)

_____

224, 226   *Restate in the passive voice. Note the absence of a grammatical subject in the resulting sentences.*

> In dieser Vorstellung folgen wir dem Libretto genau.
> **In dieser Vostellung *wird dem Libretto* genau *gefolgt*.**

49. Alle Schauspieler gehorchen dem Produzenten.

_____

50. Natürlich glaubte man der Meldung nicht.

_____

51. Viele Zuschauer dankten den Schauspielern.

_____

52. Abends gehorchten wir der Müdigkeit.

_____

53. Gestern hat man dem Theaterbesitzer geantwortet.

_____

54. Heute dient man diesem König nicht mehr.

_____

55. Wir können dem Mann helfen.

_____

56. Man drohte nur der jüngsten Tochter.

_____

*526–529 Restate the sentences 49–56 in the passive voice, using **es** as stylistic subject.*

57. _____

58. _____

59. _____

60. _____

61. _____

62. _____

63. _____

64. _____

530–531 Rewrite each passive statement, using the modal verb given.

65. Mehrere Kinderopern wurden präsentiert. (sollen)

_____

66. Die Freizeit wird vermehrt. (müssen)

_____

67. Der Attraktion des Fernsehens wird nicht gehorcht. (dürfen)

_____

68. Diese Bücher werden von allen Bürgern gelesen. (können)

_____

69. Das Programm wird von Auge und Ohr aufgenommen. (wollen)

_____

70. Er wurde nicht öffentlich begrüßt. (mögen)

_____

71. Das Land wurde von der jüngsten Tochter regiert. (sollen)

_____

72.   Viele Meldungen wurden nicht empfangen.   (können)

_____

73.   Der Erfolg wurde nicht bewiesen. (können)

_____

Rewrite each present tense sentence in the present perfect and each past tense sentence in the past perfect tense.

74.   Die Kinder müssen beruhigt werden.

_____

75.   Der Höhepunkt darf nicht vergessen werden.

_____

76.   Mußte das Salz in den Fluß geschüttet werden?

_____

77.   Warum konnte die Meldung nicht gehört werden?

_____

78.   Das Schauspiel soll bald inszeniert werden.

_____

79.   Die Zuschauer wollen freundlich empfangen werden.

_____

80.   Der König mochte nicht angesprochen werden.

_____

532–538   Rewrite each sentence in the active voice, using the suggested substitutes.

    Das muß erst erwiesen werden.   (sein + infinitive with zu)
    Das *ist* erst *zu erweisen*.

81.   Manche Zuschauer können einfach nicht gelangweilt werden.   (sich lassen)

_____

82. Viel mehr Bücher müssen gelesen werden.   (sein + inf. with zu)

_____

83. Kein Zuschauer darf gelangweilt werden.   (sein + inf. with zu)

_____

84. Dieses Schauspiel kann nicht aufgeführt werden.   (sich lassen)

_____

85. Durch gute Organisation wird die Freizeit vermehrt.   (sich)

_____

86. In Berlin wird oft Straßentheater gegeben.   (man)

_____

87. Auf der Straße wird manches gute Schauspiel inszeniert.   (man)

_____

88. Manchmal wird dort getanzt.   (man)

_____

89. Danach kann die Stadt besichtigt werden.   (sein + inf. with zu)

_____

90. In den Sälen darf meistens nicht geraucht werden.   (man)

_____

Express in the active voice, using an appropriate substitute.

91. Die Kinder können nicht beruhigt werden.

_____

92. Jährlich werden etwa zehn Schauspiele inszeniert.

_____

93. Die Spannung darf nicht reduziert werden.

_____

94.   Der Hintergrund kann kaum gesehen werden.

_____

95.   Opern für Kinder werden selten gegeben.

_____

96.   Die Worte auf der Bühne können leicht verstanden werden.

_____

97.   Abends wird vor Müdigkeit früh ins Bett gegangen.

_____

539   Express in English as passive constructions.
98.   Die Handlung soll sehr spannend sein.

_____

99.   Die Worte auf der Bühne sind leicht zu verstehen.

_____

100.   Dieses Schauspiel läßt sich schwer inszenieren.

_____

540   Classify the statements as real (R) or statal (S) passive.

101.   Die Zuschauer sind gelangweilt.   104.   Deine große Müdigkeit ist hiermit bewiesen.

102.   Jetzt war der Höhepunkt endlich erreicht!   105.   Solche Märchen waren schnell vergessen.

103.   Die Meldung wurde nicht empfangen.

Answer with the statal passive, using **schon** *for emphasis.*

       Beweisen Sie Ihr Argument!
       Aber das *ist* doch schon bewiesen!

106.   Der Turm muß noch gebaut werden!

_____

107. Versuchen Sie, den Höhepunkt schnell zu erreichen!

_____

108. Bitte öffnen Sie den Saal sofort!

_____

109. Soll ich gehen und die Kinder beruhigen?

_____

Express in German.

110. Many plays are offered every year.

_____

111. All plays are staged by famous directors.

_____

112. The pedestrian mall is already built.

_____

113. The theaters were closed all day.

_____

114. We hope that nobody is bored.

_____

CHAPTER XI: AUS DER LITERARISCHEN TRADITION

ACTIVE VOCABULARY: C, D, AND E TEXTS

Verbs

ab·lehnen	to reject
ab·steigen, ie, ie (+ sein)	to get down
an·wenden (auf)	to apply (to)

auf·fallen (ä), ie, a (+sein)	to attract attention
erraten (ä), ie, a	to guess
erwidern	to reply
jammern	to lament
reißen	to tear (apart)
schaden	to harm
verlangen	to demand; to desire
versichern	to assure
sich wehren	to defend oneself
zu·schließen, o, o	to lock
sich zurück·ziehen, o, o	to withdraw

Nouns

der Anblick, -e	view
der Ausspruch, ⸚e	pronouncement
die Brücke, -n	bridge
die Dienerin, -nen	servant
der Gang, ⸚e	hall
der Geist, -er	spirit, genius
der Herausgeber, -	editor
die Hochzeit, -en	wedding, marriage
die Neuigkeit, -en	news
die Sammlung, -en	collection
die Schlange, -n	snake
das Stroh (-s)	straw
die Ungeduld	impatience
das Unrecht (-s)	wrong
die Wut	rage
der Zahn, ⸚e	tooth
das Zeug, -e	stuff
der Zorn (-s)	fury

Other Words

ausgezeichnet	distinguished
es war einmal	once upon a time there was
geschickt	skillful
gleichfalls	likewise
nackt	naked
reizend	delightful
zierlich	delicate

223

Rewrite each statement in the passive voice.

1. Die meisten Tiere hassen die Schlange.

   _____

2. Zeus beglückt das fromme Schaf.

   _____

3. Macht er wirklich solche Aussprüche?

   _____

4. Wer gibt das Wörterbuch heraus?

   _____

5. Diese Neuigkeiten langweilen uns bald.

   _____

519–520 *Form passive statements in the tenses indicated.*

6. zuletzt / die Hochzeit / doch / gefeiert werden   (present perfect)

   _____

7. der Gang / von der Dienerin / zugeschlossen werden   (present)

   _____

8. so ein Unrecht / von den Menschen / abgelehnt werden   (past perfect)

   _____

9. sein Gruß / von der reizenden Frau / erwidert werden   (present perfect)

   _____

10. seid still! / ein Märchen / jetzt / erzählt werden   (present)

    _____

Restate in the present perfect tense.

11. Diese Fabel wurde noch nie erwähnt.

    _____

12. Wurde das alte Zeug denn nicht weggeworfen?

_____

13. Heute Abend wird die Tür zum Gang zugeschlossen.

_____

14. Das Stroh wird zu Gold gesponnen.

_____

15. Das Unrecht wird wieder gut gemacht.

_____

522–524 Complete each statement with the agent suggested.

16. Der Marschall wurde angesprochen.   (eine zierliche Person)

_____

17. Die Märchen wurden jahrelang gesammelt.   (die Brüder Grimm)

_____

18. Schlangen werden gehaßt.   (andere Tiere und die Menschen)

_____

19. Über Unrecht wird gleichfalls gejammert.   (viele Menschen)

_____

20. Endlich wurde das Mädchen überredet.   (der König)

_____

Rewrite each statement with the agent suggested, using **von, durch,** *or* **mit** *as required.*

21. Das fromme Schaf wird beglückt.   (der göttliche Ausspruch)

_____

22. Neues Bettzeug wurde mitgenommen.   (der Marschall)

_____

23. Der Marschall wurde sehr erschreckt.   (diese Neuigkeit)

   _____

24. Kein Unrecht wurde getan.   (das fromme Schaf)

   _____

25. Das Männlein wird getötet.   (seine eigene Wut)

   _____

Aus dem Märchen von Rumpelstilzchen.

Restate in the passive voice, omitting the agent when appropriate.

   Sie spann das Stroh.
   Das Stroh *wurde gesponnen.*

26. Der König schloß die Kammer zu.

   _____

27. Dann spann das Mädchen das Stroh zu glänzendem Gold.

   _____

28. Aber ein Männlein half ihr dabei.

   _____

29. Danach hielt sie Hochzeit mit dem König.

   _____

30. Später verlangte das Männchen ihr erstes Kind.

   _____

31. Aber sie hat den Namen des Männleins erraten.

   _____

32. Man hat die Neuigkeit im ganzen Lande bekanntgemacht.

   _____

33. Was haben die Leute denn erwidert?

   _____

34. Sie erwarten mit Ungeduld den Anblick des Kindes.

_____

35. Was haben die Dienerinnen auf dem Gang getan?

_____

36. Mit Ungeduld erreicht man nichts.

_____

37. Solche Aussprüche lehnen wir einfach ab.

_____

Using the cues for the agent (A) or the verb (V), answer each question in the passive voice. Keep the tense.

>   Das Volk erfand *die Märchen*, nicht wahr?
>   Ja, aber   (A: Brüder Grimm V: sammeln)
>   **Ja, aber *die Märchen* wurden *von den Brüdern Grimm gesammelt***

38. Hat das Mädchen *das Stroh* behalten? Nein,   (V: zu Gold spinnen)

_____

39. Wer hat *den Marschall* angesprochen?   (A: eine zierliche Frau)

_____

40. Hatte er *sie* auf der Brücke bemerkt? Nein,   (A: die Dienerin)

_____

41. Erwiderte er *ihren Gruß*? Ja,   (A: der höfliche Mann)

_____

42. Sie hat *ihn* zu einem Besuch überredet, nicht wahr? Ja,

_____

43. Sie hat *den Namen* erraten, nicht wahr? Nein,   (V: ablehnen)

_____

44. Versicherte man ihr *etwas*? Ja,

_____

Neuigkeiten über den Marschall.

526–529   *Restate in the passive voice. Note the absence of a grammatical subject in the resulting sentences. (The dative object remains in the dative.)*

45. Alle Dienerinnen gehorchten seinen Befehlen.

_____

46. Aber sie dienten ihm mit Zorn und Ärger.

_____

47. Man folgt seinen Worten zu Unrecht.

_____

48. Man muß ihm geschickt antworten.

_____

49. Gerechten Menschen wird er aber helfen.

_____

50. Ausgezeichneten Personen hört er immer aufmerksam zu.

_____

51. Er jammerte über den Anblick der Pest, nicht wahr?

_____

52. Auf der Brücke steigt man nicht ab!

_____

*Restate sentences 45–52 in the passive voice, using **es** as stylistic subject.*

53. _____

54. _____

55. _____

56. _____

57. _____

58. _____

59. _____

60. _____

530–531   Rewrite each passive statement with the suggested modal verb. Keep the tense.

61.   Der Marschall wurde nicht überredet.   (mögen)

_____

62.   Eine geschickte Antwort wird nicht einfach abgelehnt.   (dürfen)

_____

63.   Das Unrecht wurde nicht entdeckt.   (können)

_____

64.   Dieser Ausspruch wird sofort zurückgezogen.   (müssen)

_____

65.   Bei der Interpretation wurde eine neue Methode angewendet.   (sollen)

_____

66.   Sie wurden durch Neuigkeiten unterhalten.   (wollen)

_____

Rewrite each present tense sentence in the present perfect and each past tense sentence in the past perfect tense.

67.   Mein Name soll nicht erraten werden.

_____

68.   Der Diener sollte zurückgeschickt werden.

_____

69. Der Gang mußte nachts zugeschlossen werden.

70. An Geister darf nicht geglaubt werden.

71. Kein Stroh kann zu Gold gesponnen werden.

72. Das Männchen wollte nicht gefunden werden.

532–537 Restate each sentence in the active voice, using the suggested substitutes.

73. Der Name kann nicht erraten werden.   (sich lassen)

74. Eine geschickte Dienerin wird leicht gefunden.   (sich)

75. Wut und Zorn müssen unterdrückt werden.   (sein + inf. with zu)

76. Dieser Anblick kann nicht ertragen werden.   (sich lassen)

77. Hier wird nicht gejammert!   (man)

Restate each sentence in the active voice.

78. Diese Tür muß gleichfalls zugeschlossen werden.

79. Aus Ungeduld wird leicht gejammert.

80. Der Herausgeber wurde mit Ungeduld erwartet.

81. Er ist mit offenen Armen empfangen worden.

_____

82. Mit Zorn und Wut kann uns nicht geholfen werden.

_____

539 *Express in English as passive constructions.*

83. Das Männlein hieß Rumpelstilzchen.

_____

84. Er darf das erste Kind nicht verlangen.

_____

85. Die Tochter sollte sehr geschickt sein.

_____

540 *Respond with the statal passive in the present or past tense.*

Wer soll das Stroh spinnen? (doch schon längst)
Aber das Stroh *ist* doch schon längst gesponnen!

86. Schließen Sie die Tür um Mitternacht zu! (die Tür / doch immer)

_____

87. Lehnen Sie den Vorschlag ab? Natürlich, (er / von Anfang an)

_____

88. Können Sie diese reizende Frau überreden? (sie / schon längst)

_____

89. Verbreiten Sie die Neuigkeit bald? (seit einer Stunde)

_____

90. Seine Aussprüche werden bestimmt nicht verstanden. (längst)

_____

Express in German, using active or passive constructions.

91. Many fairy tales are collected in the *Kinder und Hausmärchen.*

_____

92. Fairy tales are told at night.

_____

93. They are being listened to attentively.   (zuhören)

_____

94. Once upon a time old names were guessed correctly.

_____

95. No wrong is allowed in a fairy tale.

_____

96. In fairy tales graceful maidens were saved by kings.

_____

CHAPTER XII: AUS DER LITERARISCHEN TRADITION

ACTIVE VOCABULARY: A, B, AND C TEXTS

Verbs

ab·brechen (i), a, o	to break off
an·streben	to aspire to, strive for
aus·drücken	to express
dar·stellen	to depict
ein·greifen, i, i	to intervene
fest·stellen	to identify
gestalten	to form, to create
predigen	to preach
preisen, ie, ie	to praise
vor·werfen (i), a, o	to reproach
zu·nehmen (i), a, o	to increase

Nouns

die Anschauung, -en	view
die Aufklärung	Enlightenment
der Aufstieg (-s)	rise
das Benzin (-s)	gasoline
die Besserung	improvement
die Beteiligung	participation
das Elend (-s)	misery
der Trost (-s)	comfort, consolation
die Ursache, -n	cause
der Wahnsinn (-s)	madness, insanity
die Wahrheit, -en	truth

Other Words

gewiß	certainly
gründlich	thoroughly
mit gutem Gewissen	in good conscience
unbequem	irritating
wirksam	effective
unwirksam	ineffective
zerstörend	destructive

541–542   Complete each infinitive construction and insert the comma.

Wir erwarten einzugreifen.   (in die Besprechungen)
Wir erwarten, in die Besprechungen einzugreifen.

1. Wir versuchten zu spielen.   (gutes Theater)

   _____

2. Wann wird sie beginnen zu sprechen?   (die Wahrheit)

   _____

3. Habt ihr vergessen zu erklären?   (eure Anschauungen)

   _____

4. Wir wagten nicht mitzumachen.   (bei der Sache)

   _____

5. Wer ist fähig zu gestalten? (solches Elend)

_____

6. Hat sie gelernt zu predigen? (mit gutem Gewissen)

_____

546–552 Express in German, selecting infinitive constructions or dependent clauses as required.

7. He told me to go away.

_____

8. I am asking you to examine me thoroughly.

_____

9. She never knows how to express herself.

_____

10. Tell us when to break off.

_____

11. Don't ask us to praise the beauty of nature!

_____

12. Can you tell us how to intervene effectively?

_____

13. We were asked to explain the cause.

_____

14. He did not know how to explain this insanity.

_____

15. Tell him to buy gas.

_____

16. Ask him to discuss the Enlightenment.

_____

Name _____

17. Do you know where to find consolation?

    _____

*Complete each infinitive construction, using **zu** and commas when required.*

18. Er wollte die Besserung nicht an _____ streben.

19. Ich versuchte die Tatsachen fest _____ stellen.

20. Kann die Welt durch Theater gestaltet _____ werden?

21. Ist die Welt auf der Bühne dar _____ stellen?

22. Wir hörten ihn den Einfluß des Elends _____ diskutieren.

23. Hier lernt man sich wirksam aus _____ drücken.

24. Dieser Wahnsinn ist gewiß nicht _____ verstehen.

25. Wir versuchten die Beteiligung des Publikums _____ gewinnen.

*Express in German, using infinitives with or without **zu** as required.*

26. I am supposed to express myself effectively.

    _____

27. Who is able to identify the cause?

    _____

28. We have to admire his rise.

    _____

29. Do you want to believe this insanity?

    _____

30. Who would like to praise the beauty of the landscape?

    _____

31. Do you want my misery to increase?

    _____

32. He helped us aspire to the truth.

    _____

553–554   *Rewrite the second clause as an infinitive construction introduced by* **um, ohne,** *or* **statt** *as required by the context.*

> Der Arzt sprach von Besserung; er sagte die Wahrheit nicht.
> **Der Arzt sprach von Besserung,** *statt* **die Wahrheit zu sagen.**
> Der Arzt schwieg, damit er nicht die Wahrheit sagen mußte.
> **Der Arzt schwieg,** *um* **nicht die Wahrheit sagen zu müssen.**
> Der Arzt redete; aber er sagte die Wahrheit nicht.
> **Der Arzt redete,** *ohne* **die Wahrheit zu sagen.**

33. Brecht macht Theater; er will die Welt wirksam darstellen.

    _____

34. Ich suchte Aufklärung, aber ich fand sie nicht.

    _____

35. Der Arzt sagte die Wahrheit; er sprach nicht von Besserung.

    _____

36. Sein Fieber nahm zu; es ließ nicht nach *(it didn't let up)*.

    _____

37. Man kann nicht mit gutem Gewissen leben, wenn man nicht etwas für die Mitmenschen tut.

    _____

38. Dieser Dichter stellt nur das Elend dar; er gestaltet keine freundlichen Bilder.

    _____

39. Er erzählt eine Geschichte; so erklärt er seine Anschauungen.

    _____

40. Der Arzt gab nur Trost; er sagte die unbequeme Wahrheit nicht.

    _____

41. Er verließ uns, aber er nannte den Namen der Krankeit nicht.

_____

555–558 *Using the underlined information, add an extended adjective construction in each*
           statement.

     Wir sahen einen Graben.   (Der war <u>gut gebaut</u>.)
     Wir sahen einen *gut gebauten* Graben.

42. Wir sahen ihre Hände.   (Die waren <u>von der Arbeit müde</u>.)

_____

43. Ein Arzt kann Trost geben.   (Trost ist <u>den Leuten willkommen</u>.)

_____

44. Wir werfen ihm seine Reden vor.   (Die sind <u>für uns zerstörend</u>.)

_____

45. Er verstand die Anschauungen.   (Die waren <u>im Text gründlich erklärt</u>.)

_____

Using the underlined information, add an extended adjective construction with a present participle.

     Wir sahen ihre Hände.   (Ihre Hände <u>zitterten von der Arbeit</u>.)
     Wir sahen ihre *von der Arbeit zitternden* Hände.

46. Ein Arzt erklärte die Ursache der Krankheit.   (Er <u>stand neben mir</u>.)

_____

47. Die Familie kümmerte sich um den Mann.   (Der Mann <u>starb</u>.)

_____

48. Die Menschheit kann als eine Autofahrerin dargestellt werden.   (Die Autofahrerin <u>fährt immer
     schneller</u>.)

_____

_____

Using the underlined information, form extended adjective constructions with a past participle.

> Die Mauer war sehr hoch.   (Sie <u>wurde von den Soldaten gebaut</u>.)
> **Die *von den Soldaten gebaute* Mauer war sehr hoch.**

49. Sie fuhr auf einer Straße.   (Die Straße war <u>von den Soldaten aufgerissen</u> worden.)

_____

50. Die Autofahrerin liebt nette Geschichten.   (Die werden <u>ihr ins Ohr geflüstert</u>.)

_____

51. Viele Menschen lehnen diese Anschauungen ab.   (Die werden <u>immer wiederholt</u>.)

_____

*560   Rewrite each statement, using a form of **lassen**.*

> Wir erlauben euch nicht, uns das vorzuwerfen.
> **Wir *lassen* uns das nicht vorwerfen.**

52. Wir erlaubten ihr, unbequeme Tatsachen festzustellen.

_____

53. Wir befehlen dem Polizisten einzugreifen.

_____

54. Man erlaubte ihm, den Kranken gründlich zu untersuchen.

_____

55. Freunde, hören wir jetzt mit dem Wahnsinn auf!

_____

*Respond with the suggested phrases and a form of **lassen**.*

56. Wenn er verreist,   (er / seine Frau / zu Hause)

_____

57. Was hast du mit dem Kranken gemacht?   (ich / ihn / im Bett / liegen)

_____

58. Ich will nichts mehr vom Krieg hören.   (ich / ihn / hinter mir)

_____

238

*Restate each sentence, using a form of **lassen** to show that the subject is causing the action to be performed by someone else (not specified). Express in English.*

> Wir bauten uns ein Haus.   We built a house.
> **Wir ließen uns ein Haus bauen.   We had a house built.**

59. Der Arzt sah jeden Tag nach dem Kranken.

_____

_____

60. Er untersuchte ihn gründlich.

_____

_____

61. Er gab die genaue Ursache der Erkrankung nicht an.

_____

_____

62. Er rettete den kranken Mann nicht.

_____

_____

63. Er sagte dem jüngeren Bruder die Wahrheit.

_____

_____

64. Er drückte ihm sein Bedauern aus.

_____

_____

65. Er greift in den Lauf der Krankheit ein.

_____

_____

66. Er macht unsere Beteiligung unwirksam.

_____

_____

67. Soll man nach solchen Dingen fragen?

_____

_____

Determine whether agency is unspecific (U) or named (N). Express in English.

68. (   ) Benn läßt den Reporter die Fragen stellen.

_____

69. (   ) Wieviele Fragen läßt er stellen?

_____

70. (   ) Er läßt auch unbequeme Situationen darstellen.

_____

71. (   ) Er ließ seine Kollegen die unbequemen Situationen darstellen.

_____

72. (   ) Die Opposition ließ den Aufstieg des Diktators aufhalten.

_____

73. (   ) Wer ließ uns auf Besserung hoffen?

_____

74. (   ) Wer läßt die Dichter solchen Wahnsinn predigen?

_____

*Study the use of the reflexive form of **lassen** and express each statement in English.*

75. Er läßt sich die Post ins Zimmer bringen.

_____

76. Sie hat sich die Situation darstellen lassen.

_____

240   *Copyright © 1990 Holt, Rinehart and Winston, Inc.*

77.   Wir ließen uns den Aufstieg des Diktators beschreiben.

_____

78.   Laß dir diese Anschauungen erklären!

_____

561   Insert the form of the indicated verb required by the context.

79.   Wohin hast du das Bild _____ ? *(to hang)*

80.   Ist es wahr, daß er beinahe _____ ist? *(to drown)*

81.   Man sollte dieses alte Schiff _____ . *(to sink)*

82.   Hilfe, unsere ganze Welt _____ im Meer! *(to sink)*

83.   Hat euch die Wahrheit _____ ? *(to frighten)*

84.   Die Welt _____ über den Aufstieg des Diktators.
        (to become frightened)

85.   Die Autofahrerin _____ in ihrem Wagen. *(to sit)*

86.   Bitte _____ Sie das Kind ins Bett! *(to lay, put)*

87.   Und dann _____ Sie die Lampe auf den Tisch! *(to set)*

88.   Worin _____ die Ursache? *(to lie)*

89.   Sind diese Anschauungen jetzt _____ ? *(to disappear)*

90.   Er _____ sein Geld mit Begeisterung. *(to squander)*

91.   Bürger können einen Diktator _____ . *(to fell, topple)*

92.   Er ist für die Wahrheit _____ . *(to fall)*

*562–565   Distinguish between the three meanings of **to know** in German and translate accordingly.*

93.   I knew him, but I really didn't know his views.

_____

94. Did you know that an author has no effect upon his time?

_____

95. Do you know enough German to read Dürrenmatt?

_____

96. A poet knows how to create his world.

_____

97. Do you know these languages?

_____

98. Do you know how to speak German correctly?

_____

99. I know a good teacher who knows everything.

_____

CHAPTER XII: AUS DER LITERARISCHEN TRADITION

ACTIVE VOCABULARY: D TEXT

Verbs

brüllen	to yell
täuschen	to deceive
verfluchen	to curse
versäumen	to miss
vertragen (ä), u, a	to endure

Nouns

der Bart, ⸚e	beard
das Gesetz, -e	law
die Heimat	hometown, homeland
das Hindernis, -se	obstacle
der Koch, ⸚e	cook
das Tor, -e	portal
der Traum, ⸚e	dream
der Zufall, ⸚e	coincidence, chance

541–543   Complete each infinitive construction and insert the comma.

Wir hoffen zu gewinnen.   (den Kampf)
Wir hoffen, den Kampf zu gewinnen.

1. Wer hat geholfen einzuordnen?   (diesen Autor)

    _____

2. Er lernte zu verstecken.   (sein Elend)

    _____

3. Dieser Autor wußte zu schreiben.   (ganz moderne Parabeln)

    _____

4. Er versuchte zu kämpfen.   (für den Fortschritt)

    _____

5. Wem gelingt es zu verstehen?   (diese Situationen)

    _____

6. Er versucht zu gestalten.   (seine Anschauungen)

    _____

7. Wir versprechen zu vertrauen.   (seiner Deutung des Lebens)

    _____

8. Man hatte ihm befohlen zu schweigen.   (darüber)

    _____

*Complete each infinitive construction, using **zu**. Insert commas when required.*

9.   Zuerst hörten wir den Koch _____ brüllen.

10. Wir sahen ihn den unglücklichen Zufall _____ verfluchen.

11. Im Laufe der Zeit lernten wir ihm _____ vertrauen.

12. Die Leute waren unfähig sich in den Texten zurecht _____ finden.

13. Sie wollten jeden Traum ———————————— interpretieren.

14. Es war aber nutzlos das ———————————— versuchen.

15. Den Bart sollte man ihm ab ———————————— nehmen!

16. Diese Gesetze scheinen auch andere Deutungen zu ———————————— lassen.

17. Also wollten die Gelehrten miteinander ———————————— diskutieren.

18. Unter diesen Umständen können wir nichts ———————————— verstehen.

19. Sie hoffen aber den Zug nicht ———————————— versäumen.

*Express in German, using infinitives with or without **zu** as required.*

20. Would you like to interpret a strange parable?

_____

21. We mustn't miss this opportunity.

_____

22. Are we supposed to meet the author?

_____

23. Ask him to tell his dreams.

_____

24. He is probably able to deceive you.

_____

25. You'll hear him curse you.

_____

26. You'll be unable to endure these dreams.

_____

Vor der Tür des Gesetzes.

546–548 *Translate the statements, using infinitive constructions, or modal or dependent clauses, as required.*

27. The man from the country asked to be let in.

_____

28. The doorkeeper told him to stay outside.

_____

29. But it was difficult for the man to obey.

_____

30. The man had tried to wait patiently.

_____

31. The doorkeeper told him not to curse.

_____

32. He did not want the man to yell.

_____

33. Who knows how to overcome (überwinden) these obstacles?

_____

34. But the man did not know what to do.

_____

35. The doorkeeper allowed the man to talk about his dreams.

_____

553–554   *Rewrite the second clause as an infinitive construction introduced by* **um**, **ohne**, *or* **statt**, *as required by the context.*

Der Türhüter sprach vom Zufall; er sagte die Wahrheit nicht.
Der Türhüter sprach vom Zufall, *statt* die Wahrheit zu sagen.
Der Türhüter schwieg, damit er die Wahrheit nicht sagen mußte.
Der Türhüter schwieg, *um* nicht die Wahrheit sagen zu müssen.
Der Türhüter redete; aber er sagte die Wahrheit nicht.
Der Türhüter redete, *ohne* die Wahrheit zu sagen.

36. Der Mann wartete vor dem Tor. Er wollte ins Gesetz gehen.

_____

37. Er dachte an alle Hindernisse. Er tat nichts.

_____

38. Dann sprach er mit dem Türhüter. Er wollte nichts versäumen.

_____

39. Der Türhüter brüllte immer lauter. Er wurde nicht freundlicher, wie der Mann gehofft hatte.

_____

40. Er nahm alle Geschenke an. Aber er half dem Mann nicht.

_____

41. Der Mann ärgerte sich darüber. Aber er fluchte nicht.

_____

42. Der Mann starb vor dem Tor. Er wurde nicht eingelassen.

_____

555–559 _Using the underlined information, add an extended adjective construction to each statement._

Er ist ein guter Lyriker.   (Er ist <u>in der ganzen Welt bekannt</u>)
Er ist ein _in der ganzen Welt bekannter_, guter Lyriker.

43. Der Autor schreibt auch Erzählungen.   (Er ist <u>hauptsächlich als Lyriker bekannt</u>.)

_____

44. Ein Herr legte ihm einen Text vor.   (Er war <u>in grau gekleidet</u>.)

_____

45. Ich wollte eine Parabel schreiben.   (Eine Parabel ist <u>für alle verständlich</u>.)

_____

46. Mit seinen Augen konnte er nichts mehr erkennen.   (Die Augen waren <u>jetzt trübe</u>.)

_____

Using the underlined information, add an extended adjective construction with a present participle to each statement.

> Der Türhüter schickte ihn nach Hause.   (Er <u>brüllte laut</u>.)
> **Der *laut brüllende* Türhüter schickte ihn nach Hause.**

47. Mit dem Bart sah er schrecklich aus.   (Der Bart <u>wuchs langsam</u>.)

_____

48. Der Mann wartete.   (Der Mann <u>träumte von einem Zufall</u>.)

_____

49. Der Türhüter täuschte den Mann wiederholt.   (Der Mann <u>wartete</u>.)

_____

50. Der Mann stellte eine letzte Frage.   (Der Mann <u>starb langsam</u>.)

_____

Using the underlined information, add an extended adjective construction with a past participle to each statement.

> Die Polizei erwischte ihn.   (Sie wurde <u>vom Türhüter informiert</u>.)
> **Die *vom Türhüter informierte* Polizei erwischte ihn.**

51. Der Mann wartete geduldig.   (Er wurde <u>vom Türhüter getäuscht</u>.)

_____

52. Der Mann ging in seine Heimat zurück.   (Er wurde <u>von allen verflucht</u>.)

_____

53. Alle Geschenke halfen nicht.   (Die Geschenke wurden <u>vom Türhüter angenommen</u>.)

_____

54. Der Eingang war nur für den Mann.   (Der Eingang war <u>vom Türhüter verschlossen</u> worden.)

_____

560 *Restate each sentence, using a form of* **lassen**.

> Gib mir Erlaubnis, ins Gesetz einzutreten.
> **Laß mich ins Gesetz eintreten.**

55. Erlaube mir, den Vorfall zu vergessen!

_____

56. Der Türhüter erlaubte dem Mann, vor dem Tor zu warten.

_____

*Express in German, using a form of **lassen**.*

57. Why did you leave him in front of the door?

_____

58. Why did you let him wait so long?

_____

59. He had left his family in his hometown.

_____

60. Eventually he died and left the doorkeeper alone.

_____

61. Let's endure our fate.

_____

*Rewrite each sentence with a form of **lassen** to show that the subject is causing the action to be performed by someone else (not specified). Express in English.*

Das Ehepaar kaufte ein hübsches Haus.
Das Ehepaar ließ ein hübsches Haus kaufen.
The couple had a charming house bought.

62. Wer baute die siebentorige Stadt?

_____

63. Die Könige schleppen die Steine herbei.

_____

64. Sie interpretierten ihre Träume.

_____

65. Dann schlossen sie alle Tore.

_____

248

66. Sie schickten alle Menschen nach Hause zurück.

_____

*Study the use of the reflexive form of **lassen** and express each statement in English.*

67. Wer läßt sich schon gern verfluchen?

_____

68. Lassen Sie sich doch einen Bart wachsen!

_____

69. Er ließ sich gern Träume erzählen.

_____

70. Der Koch wollte sich nicht helfen lassen.

_____

Der alte Mann vor dem Tor.

Insert the inflected verb required by the context.

71. Der Bart _____ vom Kinn herunter. *(to hang)*

72. Wer hat denn den Mantel dorthin _____ ? *(to hang)*

73. Er _____ seinen Stuhl vor das Tor. *(to put / set)*

74. Aber er _____ nie auf dem Stuhl. *(to sit)*

75. Er _____ viele Geschenke vor das Tor. *(to lay)*

76. Dort _____ sie viele Jahre. *(to lie)*

77. Er fürchtete, er könnte vom Stuhl _____ . *(to fall)*

78. Zuletzt _____ ihn der Tod. *(to fell)*

79. Das _____ den Türhüter nicht. *(to frighten)*

80. Aber der Koch _____ , als er das hörte. *(to become frightened)*

81. Er war aus der Heimat _____ . *(to disappear)*

82. Vor dem Tor hatte er sein Leben _____ . *(to squander)*

*562–565 Distinguish between the three meanings of **to know** in German and translate accordingly.*

83. I don't know this language.

    _____

84. But I know all the latest interpretations of this parable.

    _____

85. The protagonist didn't know what the doorkeeper was doing.

    _____

86. He also didn't know whether the man was deceiving him.

    _____

87. The cook knew that the man did not know him.

    _____

88. Did he know anything about the law?

    _____

LABORATORY MANUAL

The sections A, B, C, etc. in each chapter are separated by electronic beeps which can be heard in FAST FORWARD and REWIND settings, so that instructors can choose which sections to assign.

CHAPTER I: REISEN, A and B TEXTS

In this chapter the theme is travel; many words in the active vocabulary deal with it. You will hear some of them in the short dialogues and in the dictation. Strategies for listening will precede each section of this lesson.

A. *Colloquial Expressions. Speaking Exercise.*

Spoken German is quite redundant, with little words and half-words used as fillers. Listen to the expressions and try to follow the German phrasing exactly so that you can reproduce and memorize it.

Sie hören jetzt verschiedene Möglichkeiten, wie man ein Gespräch beginnen und beenden kann. Wiederholen Sie jeden Satz in der Pause. Hören Sie gut zu.

Zwei Freunde begegnen einander.

Im Büro: zwei Fremde sprechen zum ersten Mal miteinander.

Nun hören Sie verschiedene Möglichkeiten, ein Gespräch zu beenden. Danach wiederholen Sie jeden Satz in der Pause. Hören Sie gut zu.

Zwei Freunde sagen Auf Wiedersehen.

Das Ende der Konversation zwischen zwei Fremden.

Now stop the tape.

Quiz für A.

Referring to the list below, indicate which of the seventeen sentences describe the occasions mentioned. Give all possible expressions.

You are entering an office. _____

You are leaving a friend. _____

You are meeting a friend. ————————————————————

You are leaving an office. ————————————————————

 1. Morgen, Inge, wie geht's dir?

 2. Also bis morgen.

 3. Guten Tag; könnte ich hier Auskunft bekommen . . .?

 4. Na, gut. Ich komme morgen wieder.

 5. Vielen Dank, auf Wiedersehen.

 6. Schönen guten Tag; ich möchte gern wissen . . .

 7. Vielen Dank für Ihre Hilfe. Wiedersehen.

 8. Guten Morgen, meine Dame. Was darf ich für Sie tun?

 9. Das geht in Ordnung. Auf Wiedersehen.

10. Hallo, wie geht's?

11. Also mach's gut.

12. Guten Tag, mein Herr. Kann ich etwas für Sie tun?

13. Tag, Helmut; was machst du denn so?

14. Guten Abend, die Herren. Was möchten Sie, bitte?

15. Na, dann Tschüs!

16. Na, grüß dich, wohin gehst du denn?

17. Wiedersehen, bis später.

B. *Dialogue. Comprehension Exercise.*

The spoken language is redundant, so you need not know every single word to get the gist of the conversation. Listen to the dialogue and concentrate on the words which convey the information, here mostly verbs and nouns.

Sie hören einen kurzen Dialog zwischen einer Dame im Reisebüro und einem Mann, der reisen möchte. Danach sollen Sie Fragen beantworten. Hören Sie gut zu.

Im Reisebüro.

Now stop the tape.

Quiz für B.

Sind diese Aussagen richtig (R) oder falsch (F)?

1. Der Mann hat vier Wochen Zeit für eine Reise. R F

2. Er möchte nicht ins Ausland fahren. R F

3. Er will mit dem Zug durch Österreich fahren und Burgen und Schlösser und Kirchen besichtigen. R F

4. Er möchte ein paar Tage in Wien verbringen. R F

5. Das Reisebüro schlägt eine musikalische Reise vor. R F

6. Das Reisebüro kann Zimmer in gemütlichen Hotels bestellen und Reiserouten vorschlagen. R F

C. *Dialogue. Comprehension Exercise.*

Sie hören nun einen Dialog zwischen zwei Studenten, Hans und Inge, über Reisen mit dem Interrail-Ticket. Danach sollen Sie Fragen beantworten. Hören Sie gut zu.

Non-Stop durch Europa.

Now stop the tape.

Quiz für C.

Kreuzen Sie an.

1. Warum war Inge noch nie in Italien?
   a. Sie hatte keine Zeit.
   b. Sie interessiert sich nicht für das Ausland.
   c. Sie hatte kein Geld.

2. Was für Reisen hat Inge bis jetzt gemacht?
   a. Sie ist ins Ausland gefahren.
   b. Sie ist mit dem Zug im Land herumgefahren.
   c. Sie ist getrampt.

3. Wie kommt es, daß Hans schon viele Reisen ins Ausland gemacht hat?
   a. Er hat genug Geld für Fahrkarten.
   b. Er kauft sich Interrail-Tickets.
   c. Er hat immer sehr lange Ferien.

4. Alle jungen Leute können Interrailer werden, nicht wahr?
   a. Nein, sie müssen unter 26 Jahre alt sein.
   b. Ja, sie brauchen nur ein Interrail-Ticket zu kaufen.
   c. Ja, wenn sie nicht trampen wollen.

5. Sind Interrail-Reisen beliebter als trampen?
   a. Ja, man braucht nicht auf der Straße auf ein Auto zu warten.
   b. Ja, denn Züge sind billiger als Autos.
   c. Nein, denn man muß im Zug schlafen.

6. Sind lange Interrail-Reisen billiger als trampen?
   a. Nein, denn ein Ticket kostet um 500 Mark.
   b. Ja, denn mit einem Interrail-Ticket kann man in 30 Ländern herumfahren.
   c. Nein, denn man muß den halben Fahrpreis bis an die Grenze bezahlen.

D. *Dictation.*

Listen carefully to each complete sentence, part of which is printed below. Concentrate on the big words rather than on the fillers to grasp the meaning.

Sie hören einen kurzen Text zweimal. Beim zweiten Hören schreiben Sie die fehlenden Wörter, wie Sie sie hören. Hören Sie gut zu.

In der Schweiz reisen.

Die Schweiz als _____ ist genau so berühmt wie _____. Besucher beschreiben die

Schönheit der Natur zu allen _____. _____ das Berner Oberland mit seinen großen Seen,

die in einem interessanten _____ liegen. _____ können Sie Exkursionen machen, auch
Berg- und Gletscherwanderungen.

CHAPTER I: REISEN, C and D TEXT

E. *Dialogue. Speaking Exercise.*

As you listen, be aware of conversational patterns, i.e., the fillers and redundancies, but concentrate on the words that convey the gist of the conversation. Then repeat each sentence after the speaker in the pause provided.

Sie hören ein Gespräch zwischen dem Wirt eines Dorfgasthauses und zwei jungen Mädchen, Gerda und Helga. Zuerst hören Sie das ganze Gespräch; das zweite Mal wiederholen Sie jeden Satz in der Pause. Danach sollen Sie Fragen beantworten. Hören Sie gut zu.

Zwei junge Frauen kommen in einem kleinen Dorf an und sprechen mit dem Wirt.

Now stop the tape.

Quiz für E.

Schreiben Sie Ihre Antwort mit wenigen Wörtern im Telegrammstil oder mit ganz kurzen Sätzen.

1. Warum spricht der Wirt die beiden Mädchen an? _____

   _____

2. Wieviele Koffer haben die beiden Mädchen? _____

3. Wie wollen sie für ihr Zimmer bezahlen? _____

   _____

4. Hat der Wirt Arbeit für sie? _____

5. Tut der Wirt etwas für sie? _____

   _____

F. *Dialogue to be completed. Comprehension and Speaking Exercise.*

Listen to what Charlotte says on the phone; Maria answers in the broken phrases that you remember from the text. Get in the mood of the conversation, and play Maria's part in each pause after Charlotte speaks.

Sie erinnern sich an die Kurzgeschichte Fahrkarte bitte *in Ihrem Lesebuch. Maria telefoniert mit ihrer Freundin Charlotte. Sie hören jetzt Charlottes Worte; in den Pausen danach sollen Sie sagen, was Maria geantwortet hat. Charlotte beginnt, als sie den Hörer abnimmt und sich meldet.* Hören Sie gut zu.

Maria am Telefon mit Charlotte.

Und jetzt hören Sie das Gespräch zum zweiten Mal mit den richtigen Antworten.

Now stop the tape.

Now stop the tape.

Quiz für F.

Sind diese Aussagen richtig (R) oder falsch (F)?

1.	Charlotte wohnt in Kiel.	R	F
2.	Maria bleibt ein paar Tage in Kiel.	R	F
3.	Maria fährt heute noch mit dem Schiff weiter.	R	F
4.	Sie ruft Charlotte an, weil sie Geld braucht.	R	F
5.	Charlotte hat selbst kein Geld.	R	F
6.	Maria wird sofort zu Fuß zu Charlotte gehen.	R	F

G. *Dictation. Spelling and Comprehension Exercise.*

Listen carefully to every single word and start writing at once.

Schreiben Sie sofort, während Sie zuhören. Sie hören den Text nur einmal. Hören Sie gut zu.

_____

_____

_____

_____

_____

_____

Now stop the tape.

Quiz für G.

Sind diese Aussagen richtig (R) oder falsch (F)?

1.	Maria arbeitet als Kellnerin.	R	F
2.	Sie arbeitet in einem Hotel in der Stadtmitte.	R	F

3.   Sie arbeitet dort schon seit einem Jahr.   R   F

4.   Ihre Freundin Charlotte hat sie dort oft besucht.   R   F

H. *Reading and Pronunciation Exercise.*

You have two minutes of reading time for the text below. Signals will indicate the half minutes. Read aloud; then rewind and listen to yourself; then listen to the speaker. If the equipment does not permit the recording of responses, read aloud as indicated, then read along with the speaker.

Eine der schönsten Fahrten geht am Rhein entlang, wo er tief im Tal fließt. Die Burgen auf den steilen Felsen deuten an, daß der Rhein schon im Mittelalter als Wasserweg von großer Bedeutung war. Heute noch schwimmen die Lastkähne mit ihren schweren Frachten flußauf und flußab. Auf der parallel verlaufenden Autobahn kommen eilige Touristen schneller voran. Benutzen Sie aber zwischen Koblenz und Bingen linksrheinisch unbedingt die Rheingoldstraße, denn Sie sehen doppelt so viel von der Landschaft. Dann übernachten Sie auf Burg Rheinfels in St. Goar, von wo Sie zum Loreley-Felsen hinüberschauen können. Und bummeln Sie durch die romantischen Weindörfer auf beiden Seiten.

CHAPTER II: FREIZEIT, A and B TEXTS

In this chapter the theme is leisure time. Many words in the active vocabulary deal with leisure time activities. You will hear them in the short dialogues and the dictation. Listening strategies precede each section of this lesson.

A. *Idiomatic Expressions. Speaking Exercise.*

You will hear how people talk about their leisure time activities. As always with spoken German, pay close attention to idiomatic expressions, and try to follow German phrasing so that you can memorize it exactly. Repeat each question in the pause provided.

Sie hören jetzt vier Fragen. Wiederholen Sie jede Frage in der Pause. Hören Sie gut zu.

Nun hören Sie die Fragen zum zweitenmal, zusammen mit einem Stichwort für Ihre Antwort. Sprechen Sie die Antwort in der Pause; Sie hören dann die richtige Antwort. Wiederholen Sie die in der Pause. Hören Sie gut zu.

Now stop the tape.

Quiz für A.

Schreiben Sie den richtigen deutschen Ausdruck.

1. Ask what someone does in his / her spare time.

   _____

2. Express that you're participating in a sport.

   _____

3. Express that you're skiing (or swimming, hiking, cycling).

   _____

4. Wish someone else a good time.

   _____

B. ***Report. Comprehension Exercise.***

In press reports like the one following, idiomatic phrasing is less frequent. While listening, concentrate on the information given (names of holidays, activities, quantities and numbers). The listening quiz will test what you remember.

Sie hören einen Bericht über die Freizeit. Danach sollen Sie fünf Fragen beantworten. Hören Sie gut zu.

Bericht über die Freizeitgesellschaft.

Quiz für B.

Sie hören fünf Fragen. Kreuzen Sie die richtige Antwort an.

1. a. 48 Stunden   b. 32–49 Stunden   c. weniger als 40 Stunden
2. a. sechs Tage   b. fünf Tage   c. fünfeinhalb Tage
3. a. jedes Wochenende
   b. jedes Wochende und den Urlaub
   c. die Wochenenden, den Urlaub und andere Feiertage
4. a. Die Hobby Industrie macht große Profite.
   b. Die Arbeiter produzieren nicht genug.
   c. Viele Menschen arbeiten zu wenig.
5. a. Sie bleiben zu Hause und ruhen sich aus.
   b. Sie suchen bewegungsaktive Erholung.
   c. Sie machen Reisen ins Ausland.

260

C. *Dictation. Comprehension Exercise.*

Understanding the meaning of what you hear is as important as spelling. Listen first to each complete sentence, parts of which are reproduced below. On the second hearing focus your attention on the sound of the omitted words and write them down.

Sie hören den Text zweimal. Schreiben Sie die fehlenden Wörter beim zweiten Hören. Hören Sie gut zu.

Die Freizeitgesellschaft.

Wenn die _____ kürzer wird, wenn das _____ wächst, und wenn die Leute

einen _____ haben, dann werden die _____ größer. Die _____ brauchen viel Geld für

Reisen und _____, Sport und _____, für _____. Ein Haushalt von _____ gibt

heute dafür _____ aus wie vor zehn Jahren.

D. *Dialogue. Comprehension Exercise.*

Get the feel of the conversation by taking in the idiomatic expressions. But concentrate above all on the names of various sports and on the nouns and verbs which reveal the situation of the two speakers, so that you will be able to recall it.

Zwei Schülerinnen unterhalten sich über Sport in der Freizeit. Ulla erklärt Jean, die aus Amerika kommt, was man alles tun kann. Wiederholen Sie nicht, sondern konzentrieren Sie sich auf die Informationen. Am Schluß des Dialogs sollen Sie Fragen beantworten. Hören Sie gut zu.

Sport in der Freizeit.

Now stop the tape.

Quiz für D.

Sind diese Aussagen richtig (R) oder falsch (F)?

1. Jean kommt aus Frankreich.   R   F

2. Sie ist schon drei Monate in der Stadt.   R   F

3. Sie mag den Winter nicht, denn sie läuft nicht Schi.   R   F

4. Man kann nicht schilaufen, denn es gibt keine Berge.	R	F
5. Es gibt keinen Schilift.	R	F
6. In allen Orten gibt es Fußballplätze.	R	F
7. Ulla spielt Handball; sie gehört zur Mannschaft.	R	F
8. Basketball ist Leistungssport an der Schule.	R	F
9. Jean kann die Mannschaft nicht schaffen: sie ist neu.	R	F
10. Es gibt leider kein Schwimmbad in Ullas Stadt.	R	F
11. Jean spielt schon lange Tennis.	R	F
12. In der Bundesrepublik spielen nicht viele Leute Tennis, denn das ist viel zu teuer.	R	F

CHAPTER II: FREIZEIT, C and D TEXTS

E. *Dialogue. Comprehension Exercise.*

Pay attention to idiomatic expressions, but focus on the words that convey the situation so that you can answer questions about it.

Die Szene ist eine Gastwirtschaft; die Wirtin, der Kellner und ein Gast sprechen. Sie hören das Gespräch zweimal. Wiederholen Sie nicht. Danach sollen Sie fünf Fragen beantworten. Hören Sie gut zu.

Beim Kartenspiel.

Now stop the tape.

Quiz für E.

Suchen Sie die richtige Antwort aus und kreuzen Sie sie an.

1. Die Wirtin will wissen, . . .
   a. wer der Mann oben am Tisch ist.
   b. warum Herr Kurt bei den Kartenspielern sitzt.
   c. ob die Kartenspieler schon da sind.

2. Der Kellner weiß, . . .
   a. wann die anderen Spieler weggehen.
   b. daß die Kartenspieler jeden Dienstag kommen.
   c. warum Herr Kurt nicht mitspielt.

3. Die Kartenspieler . . .
    a. haben immer große Verluste beim Spielen.
    b. sind neugierig über Herrn Kurt.
    c. bestellen sofort zwei Bier.

4. Herr Kurt sitzt oben am Tisch und . . .
    a. spricht über die Taktik des Spiels.
    b. nickt manchmal oder schüttelt den Kopf.
    c. erklärt den anderen die Spielregeln.

E. *Dictation. Comprehension Exercise.*

On the first listening, concentrate on the meaning of each complete sentence, part of which is printed below. On the second listening, concentrate on the sounds of the missing words.

Sie hören den Text zweimal. Beim zweiten Hören schreiben Sie die fehlenden Wörter. Danach beantworten Sie Fragen. Hören Sie gut zu.

Der Milchmann.

Ich kannte einmal einen _____, der hieß Otto. Er war sehr nett zu uns Kindern; wir

durften _____ sitzen. _____ brachte er uns die Milch ins Haus, jeden Tag, auch

sonntags. In seinen jungen Jahren war er Turner, später _____. Er betrank sich nie,

_____, _____; er war ein tapferer Mann. Aber er kam _____,

obwohl er sich nicht für Napoleon oder Einstein hielt; _____. An einem Abend im Frühling

wurde er _____. _____ warf er seine Blumentöpfe hinunter in den Garten. Da
holten sie ihn natürlich.

Now stop the tape.

Quiz für F.

Sind diese Aussagen richtig (R) falsch (F)?

1. Der Milchmann hieß Napoleon.   R   F

2. Er ließ uns auf seinem Dreirad sitzen.   R   F

263

3. Er brachte siebzehn Jahre lang die Milch ins Haus.   R   F

4. Aber am Sonntag kam er nicht.   R   F

5. Er war nett zu allen Kindern.   R   F

6. Er trank gern, und klagte dann über sein Leben.   R   F

7. Er bildete sich ein, daß er Einstein war.   R   F

8. Er kam ins Irrenhaus, weil er verrückt wurde.   R   F

9. Er hatte zuviele Blumentöpfe.   R   F

10. Er wollte den schönen Frühlingsabend genießen.   R   F

G. *Text and Questions. Comprehension and Speaking Exercise.*

The text you will hear now refers to the story *Bargeschichten* from your Reader. You will be asked questions which should clarify the text. Answer in the pause provided.

Sie kennen den folgenden Text schon aus Ihrem Literaturbuch. Der Text stellt Fragen. Versuchen Sie, in der Pause auf deutsch zu antworten. Sie hören dann eine mögliche Antwort auf dem Tonband. Wiederholen Sie diese Antwort in der Pause.

Der Pechvogel.

Quiz für G.

Sie hören vier Fragen. Schreiben Sie die richtige deutsche Antwort.

1. _____

2. _____

3. _____

4. _____

H. *Reading and Pronunciation Exercise*

You have two minutes of reading time for the text below. Signals will indicate the half minutes. Read; then rewind and listen to yourself; then listen to the speaker. If the equipment does not permit the recording of responses, read aloud as indicated; then read along with the speaker.

Copyright © 1990 Holt, Rinehart and Winston, Inc.

Wenn die Arbeitszeit kürzer wird, und wenn man längeren Urlaub und dazu noch viele Feiertage hat, dann möchte man am Feierabend mehr unternehmen; also braucht man viel Geld, um das alles zu bezahlen. Ein Arbeitnehmerhaushalt von vier Personen, mit mittlerem Einkommen, hatte in den frühen achtziger Jahren Ausgaben von mehr als 5000 DM für die Freizeit. Der Urlaub war natürlich am teuersten, nämlich über 1 600 DM; die nächsthöchste Ausgabe war dann für das Auto zu Freizeitzwecken: zwischen 800 und 900 DM. Radio und Fernsehen kosteten mehr als 600 DM; und die Ausgaben für Lesematerial, für Garten und Haustiere, sowie für Sport lagen etwa gleichhoch, von über 400 bis über 500 DM. Anscheinend gehen nicht zu viele Leute ins Theater, Konzert oder Kino, denn die Durchschnittsausgaben für diese Unterhaltungen lagen unter 200 DM, d.h. niedriger als für Spielzeug oder Heimwerken.

CHAPTER III: BERUF UND ARBEIT, A and B TEXTS

In this chapter the theme is work. Many words in the active vocabulary deal with professions and working. You will hear some of them in this lesson. Listening strategies precede each section of this lesson.

A. *Useful Expressions. Speaking Exercise.*

You will hear four different ways to ask what a person wants to be or where a person wants to work. Concentrate on each formulation, then on what kind of answer is required. Memorize the questions and answer patterns. Repeat each sentence in the pause provided.

Sie hören vier Fragen. Wiederholen Sie die Fragen in der Pause.

Welcher Beruf?

Nun hören Sie die Fragen zum zweitenmal, zusammen mit einem Stichwort für Ihre Antwort. Antworten Sie in der Pause. Sie hören dann die richtige Antwort. Wiederholen Sie die richtige Antwort in der Pause. Hören Sie gut zu.

Now stop the tape.

Quiz für A.

Schreiben Sie den passenden deutschen Satz.

1. You're asking someone what he / she wants to be.

_____

2. You're asking what profession someone is interested in.

_____

_____

3. You're asking where a person wants to work.

_____

B. _Dialogue. Comprehension Exercise._

As you listen, be aware of the conversational patterns used, but concentrate on the nouns and verbs which give the information.

Zwei Abiturienten, Bruno und Karin, sprechen über ihre Pläne nach dem Abitur. Konzentrieren Sie sich auf die diskutierten Probleme.

Danach sollen Sie Fragen beantworten. Hören Sie gut zu.

Medizinstudium.

Nun hören Sie die erste Hälfte des Dialogs zum zweiten Mal. Danach beantworten Sie die Fragen.
Hören Sie gut zu.

Now stop the tape.

Quiz für B-1.

Sind die Aussagen zum Dialog richtig (R) oder falsch (F)?

1. Karin hat nicht besonders viel Arbeit.   R   F

2. Karin denkt viel darüber nach, was sie werden will.   R   F

3. Bis zum Abitur sind noch sehr viele Monate.   R   F

4. Karin möchte nicht an die Uni.   R   F

5. Karin möchte Wissenschaftlerin werden.   R   F

6. Ohne Abitur kann man nicht an der Uni studieren.   R   F

Nun hören Sie den zweiten Teil des Dialogs zum zweiten Mal. Danach beantworten Sie die Fragen.
Hören Sie gut zu.

Now stop the tape.

Quiz für B-2.

Sind die Aussagen zum Dialog richtig (R) oder falsch (F)?

1. Bruno möchte Medizin studieren.   R   F

2. Wenn man ganz oben auf der Klassenliste steht, kann man den Numerus Clausus
   schaffen.   R   F

3. Bruno beginnt das Medizinstudium sofort nach dem Abitur.   R   F

4. Alle Abiturienten müssen zuerst zur Bundeswehr.   R   F

5. Karin möchte lieber Krankenpflegerin werden.   R   F

6. Bruno möchte praktisch arbeiten.   R   F

7. Krankenpfleger helfen anderen Menschen.   R   F

C. *Dictation.*

A help wanted ad will be read to you. Part of it is printed below. As you listen, concentrate on the nouns and adjectives which convey the information. There are no conversational patterns and few fillers in this kind of text. The second time, write as you hear the ad.

Sie hören ein Stellenangebot, wie man es in der Zeitung findet. Beim zweiten Hören setzen Sie die fehlenden Wörter ein. Hören Sie gut zu.

Stellenangebot.

_____ Kosmetik-Konzern sucht ab sofort oder später _____ eine

engagierte, _____ in der Parfümerie-Abteilung _____ in München. Ihre

Arbeitszeit: _____ oder 3 Tage Job-Sharing. Sie bekommen _____, hohen

Stundenlohn und _____. Daneben erhalten Sie für Ihr Engagement _____.
Wenn Sie sich für diese Anstellung interessieren, senden Sie bitte Ihre Papiere an Frau B.

Paul, _____, 8027 Neuried, _____.

D. *Dialogue. Speaking and Comprehension Exercise.*

This is a telephone conversation between two strangers; it is quite formal. As you listen, be aware of office language; there are few fillers. Pay close attention to the nouns and verbs which give information about the transaction.

Sie hören nun ein Telefongespräch zwischen Frau Paul und Marta Keller, die gern in der Firma arbeiten möchte. Beim zweiten Hören wiederholen Sie jeden Satz in der Pause. Danach sollen Sie Fragen beantworten. Hören Sie gut zu.

Telefongespräch.

Quiz für D.

Sie hören nun Fragen zum Dialog. Suchen Sie die richtige Antwort aus und kreuzen Sie sie an. Hören Sie gut zu.

1.   a.   Frau Paul hat Marta angerufen.
      b.   Die Zeitung hat Marta angerufen.
      c.   Marta hat Frau Paul angerufen.

2.   a.   Sie hat noch keine Antwort auf ihren Brief bekommen.
      b.   Sie möchte wissen, ob die Stellung noch offen ist.
      c.   Sie möchte mehr Information über sich selbst geben.

3.   a.   Ob sie Berufserfahrung hat.
      b.   Wo sie letztes Jahr gearbeitet hat.
      c.   Wann sie Abitur macht.

4.   a.   Sie wollte schon immer in einem Kaufhaus arbeiten.
      b.   In der Bank hat es ihr nicht gefallen.
      c.   Das Studium für Lehrerin ist ihr zu unsicher.

5.   a.   Ja, denn sie arbeitet gern mit Menschen zusammen.
      b.   Ja, denn dann bekommt sie viel Geld.
      c.   Nein, denn lange Arbeitsstunden stören sie.

6.   a.   Ja, denn Marta weiß schon sehr viel über Kosmetik.
      b.   Nein, denn Marta denkt, der Job wird Spaß machen.
      c.   Ja, denn Marta sagt, sie wird sich anstrengen.

CHAPTER III: BERUF UND ARBEIT, C and D TEXTS

E. *Useful Expressions. Speaking Exercise.*

Here are some of the formulas and phrases used in an office for introductions and goodbyes. Concentrate on the exact wording; reproduce it in the pause provided, then try to memorize it.

Sie hören die üblichen Redewendungen, die man im Büro gebraucht. Wiederholen Sie jede Redewendung in der Pause. Hören Sie gut zu.

1. Die Sekretärin meldet, daß Herr Müller wartet. Sie sagt:

2. Die Chefin möchte, daß der Besucher hereinkommt. Sie sagt:

3. Der Besucher möchte seinen Namen sagen. Er sagt:

4. Die Chefin findet es nett, ihn kennenzulernen. Sie sagt:

5. Die Chefin will, daß er sich auf einen Stuhl setzt. Sie sagt:

6. Die Chefin möchte mehr Information. Sie sagt:

7. Die Chefin interessiert sich nicht für die Idee. Sie sagt:

8. Die Sekretärin meldet, daß der Besucher weggegangen ist. Sie sagt:

Now stop the tape.

Quiz für E.

Write the German phrases used under the following circumstances:

1. Mr. / Mrs. Müller wants to talk to you.

   _____

2. You are ready to receive him / her.

   _____

3. You wish to introduce yourself.

   _____

4. You are pleased to meet someone.

   _____

5. You're asking someone to sit down.

   _____

6. You reject a proposal.

   _____

7. Someone has left.

   _____

F. _Dictation._

In this dictation, you will hear many German words which have close equivalents in English. Still, they sound different in German. As you write, concentrate on the correct spelling.

Sie hören einen biographischen Text. Beim zweiten Hören schreiben Sie, was Sie gehört haben. Hören Sie gut zu.

Hermann Kasack.

   _____

   _____

   _____

   _____

   _____

   _____

G. _Comprehension Exercise._

As you listen to this short biographical text, pay some attention to fillers or syntactical devices, but concentrate mostly on the essential information so that you can answer the questions.

Sie hören einen kurzen biographischen Text. Sie brauchen nicht zu wiederholen.

Konzentrieren Sie sich auf die Information. Nach dem zweiten Hören sollen Sie Fragen beantworten. Hören Sie gut zu.

Über Wolfgang Borchert.

Now stop the tape.

Quiz für G.

1. Wann und wo ist Wolfgang Borchert geboren?

   _____

2. Wann und wo ist er gestorben?

   _____

3. Wo war er während des Krieges?

   _____

4. Welche Art Werke hat er geschrieben?

   _____

5. Wann waren seine Werke erfolgreich?

   _____

6. Was waren seine Themen?

   _____

H. *Reading and Pronunciation Exercise*

You have two minutes of reading time for the text below. Signals will indicate the half minutes. Read aloud; then rewind and listen to yourself; then listen to the speaker. If the equipment does not permit the recording of responses, read aloud as indicated, then read along with the speaker.

Alle Kinder gehen vier Jahre lang auf die Grundschule. Danach müssen sie sich entscheiden, ob sie die Hauptschule, die Realschule oder das Gymnasium besuchen wollen. Eine Hauptschule hat fünf oder sechs Klassen und bereitet die Schüler auf Berufe im Handwerk und in der Industrie vor. Die meisten Hauptschüler beginnen nach der neunten oder zehnten Klasse eine Lehre und gehen gleichzeitig auf die

Berufsschule. In der Realschule erhalten die Schüler nach sechs Jahren die Mittlere Reife; darauf folgen dann die verschiedensten Spezialausbildungen für Berufe in der Industrie, der Verwaltung, im Gesundheitswesen oder Handel. Ein Gymnasium hat dreizehn Klassen; die Abschlußprüfung heißt Abitur. Mit dem Abitur kann man die Universität besuchen, um Jura, Medizin, Naturwissenschaften, Sozialwissenschaften usw. zu studieren.

CHAPTER IV: FAMILIE, A and B TEXTS

The theme of this chapter is family. The active vocabulary includes names for family members and family relationships and activities. You will hear many of these words in the following lesson. Listening strategies precede the individual sections.

A. *Useful Expressions. Speaking Exercise.*

Inquiries about such matters as marital status, members of the extended family, and household affairs must be formulated precisely, with few conversational fillers. While listening to the following questions, concentrate on the exact sequences of the verbs and adjectives so that you can reproduce each sentence and memorize it.

Sie wollen den Familienstand einer Person erfahren; hier sind einige wichtige Fragen. Beim zweiten Hören wiederholen Sie jede Frage in der Pause. Hören Sie gut zu.

Umfrage.

Now stop the tape.

Quiz für A.

Beenden Sie die Sätze schriftlich.

1. Wenn Sie nicht verheiratet sind, dann sind Sie _____ .

2. Eine Gruppe Menschen, die zusammenwohnen, sind _____ .

3. Wenn Sie in einer Ehe leben, dann sind Sie _____ .

4. Wenn Ihr Ehepartner gestorben ist, sind Sie _____ .

5. Wenn Ihre Ehe auseinandergegangen ist, sind Sie _____ .

6. Zu einer Familie gehören die folgenden Familienmitglieder: _____

_____

B. *Dialogue. Comprehension Exercise.*

As always with dialogues, be aware of conversational patterns and fillers, but focus on the words that convey the information, so that you can recall it. In the following dialogue the important words are nouns and adjectives.

Frank und Petra unterhalten sich über ihre Familien. Passen Sie gut auf, was ihre respektiven Situationen sind, damit Sie die Fragen beantworten können. Hören Sie gut zu.

Kleine Familie—Großfamilie.

Now stop the tape.

Quiz für B.

1. Schreiben Sie auf, welche Familienmitglieder von Frank hier genannt werden.

_____

_____

2. Welche von ihnen wohnen im Haus der Familie?

_____

3. Warum ist Petra so oft allein?

_____

4. Was denken die Kinder über eine große Familie?

_____

C. *Dictation.*

Concentrate on complete sentences so that you can grasp the meaning of individual nouns and adjectives, many of which are compounds. Recall German spelling when you write.

Eine Diskussion über den Trend, weniger Kinder zu haben. Beim zweiten Hören schreiben Sie mit. Hören Sie gut zu.

Sind Kinder unerwünscht?

_____

_____

_____

_____

_____

_____

_____

Quiz für C.

Sie hören vier Fragen, jede Frage zweimal. Schreiben Sie die Antwort auf Englisch. Hören Sie gut zu.

1. _____

2. _____

3. _____

4. _____

D. Report. Comprehension Exercise.

You will hear a newspaper report. Pay attention to facts and figures rather than to syntax or wording so that you can answer the questions.

Sie hören jetzt einen Bericht mit statistischen Informationen. Nach dem zweiten Hören sollen Sie Fragen beantworten. Hören Sie gut zu.

Now stop the tape.

Quiz für D.

Sind diese Informationen richtig (R) oder falsch (F)?

1. Kinder und Jugendliche sind Personen unter 21 Jahren.   R   F

2. 1,3 Millionen Kinder haben nur einen Elternteil.   R   F

3. Es gibt ungefähr 900 000 Alleinerziehende.   R   F

4. Davon sind 50% Männer.   R   F

5. Alle Alleinerziehenden haben weniger Einkommen als Standardfamilien.   R   F

6. Das Einkommen von verwitweten Männern mit Kindern ist größer als das von verwitweten Frauen mit Kindern.   R   F

7. Ledige Mütter bekommen weniger als 50% des Einkommens von Standardfamilien.   R   F

CHAPTER IV: FAMILIE, C TEXT

E. *Useful Expressions. Speaking Exercise.*

You will hear conversational patterns used to express regret, indignation, sadness. As always with such expressions, try to grasp the entire phrase as a whole to memorize it.

Sie hören jetzt, wie man bestimmte Gefühle auf deutsch ausdrücken kann. Wiederholen Sie jeden Satz in der Pause. Hören Sie gut zu.

Was sagen Sie, wenn Sie Ihren Ärger ausdrücken wollen?

Was sagen Sie, wenn Sie Ihr Mitgefühl ausdrücken wollen?

Was sagen Sie, wenn Sie traurig sind?

Now stop the tape.

Quiz für E.

Schreiben Sie die passende(n) deutschen Redewendung(en):

1. Sie zeigen Mitgefühl: _____

_____

2. Sie sind traurig:
   _____

   _____

   _____

3. Sie sind ärgerlich:
   _____

   _____

   _____

   _____

F. *Dialogue. Comprehension and Speaking Exercise.*

You will hear a conversation between two men in a hotel room. Pay attention to the words conveying the main idea. One man's words are printed below. The second time you will hear only one speaker, while you fill in the other speaker's remarks.

Dieses Gespräch basiert auf dem Text Nacht im Hotel *in Ihrem Lesebuch. Sie hören zuerst (und lesen in Ihrem Laborheft) was der Fremde (F) im Hotelzimmer sagt und wie Herr Schwamm (S) auf diese Worte reagiert. Das zweite Mal hören Sie nur den Fremden. Sie sollen nun Herrn Schwamms Antworten sprechen. Die müssen logisch auf F's nächste Bemerkung vorbereiten. Hören Sie gut zu.*

Im Hotelzimmer.

F: Bitte machen Sie kein Licht!
S:
F: Weil ich möchte, daß das Zimmer dunkel bleibt.
S:
F: Ich werde Sie schon zu Ihrem Bett dirigieren. Drei Schritte nach rechts; das ist alles.
S:
F: Bitte. Sind Sie zu einem Kongreß hierhergekommen?
S:
F: Ich weiß nicht, wie Sie aussehen. Es ist dunkel. Also, warum sind Sie gekommen?
S:
F: Und der Sohn ist hier in der Stadt? Ist er im Krankenhaus?
S:

276

F: Also, er ist gesund. Was ist denn mit ihm los?
S:
F: Verzweifelt? Warum?
S:
F: Welche Menschen winken ihm nicht? Ich versteh' das nicht.
S:
F: In welchem Zug? Er winkt einem Zug?
S:
F: Na so was. Er stellt sich hin und winkt? Na und? Winkt ihm niemand zurück?
S:
F: Mein Gott! Er nimmt sich das so zu Herzen, daß er weint? Ach je! Na ja, da kann man nichts tun.
S:
F: Sie? Was? Sie wollen winken? Wirklich? Sie, der Vater, wollen morgen den Zug nehmen und ihrem Kleinen winken?
S:
F: Mein Gott, schämen Sie sich denn nicht, Ihren Jungen zu betrügen?
S:
F: So, dann ist er glücklich? Na, dann viel Spaß, hoffentlich geht alles gut!

Nun hören Sie den Fremden zum zweiten Mal. Sprechen Sie die Antworten von Herrn Schwamm in der Pause. Danach hören Sie die richtigen Antworten. Wiederholen Sie die Antworten in der Pause.

Now stop the tape.

Quiz für F.

Sie hören jetzt fünf Fragen, jede Frage zweimal. Suchen Sie die richtige Antwort aus und kreuzen Sie sie an. Hören Sie gut zu.

1.   a.   zwei Freunde
     b.   ein Arzt und ein Kranker
     c.   zwei Hotelgäste

2.   a.   auf der Straße
     b.   im Hotelzimmer
     c.   im Korridor vor dem Zimmer

3.   a.   Er kam zu einer Konferenz.
     b.   Er will seinen Sohn im Krankenhaus besuchen.
     c.   Er will den ersten Zug am Morgen nehmen.

4.   a.   Er hat Angst vor den Zügen.
     b.   Er hat Angst vor den Menschen.
     c.   Er ist enttäuscht von den Menschen.

5. a. Er will mit dem Kind im Zug fahren.
   b. Er will dem Kind winken.
   c. Er will mit dem Kind über das Problem sprechen.

G. *Dictation*.

Now you will hear two stanzas of a poem. Its rhyme and rhythm will help you recall the missing words which you should then write down.

Sie hören jetzt den Anfang von Max und Moritz *von Wilhelm Busch. Beim zweiten Hören schreiben Sie die fehlenden Wörter. Hören Sie gut zu.*

Ach, was muß man oft von bösen

_____ hören oder lesen!
Wie zum Beispiel hier von diesen,

Welche _____,
Die, anstatt durch weise Lehren

Sich _____ zu bekehren,

Oftmals noch _____

Und sich heimlich _____.
   . . .
Aber wehe, wehe, wehe,

Wenn ich auf _____!
Ach, das war ein schlimmes Ding,

Wie es _____.
-Drum ist hier, was sie getrieben,

Abgemalt _____.

Quiz für G.

Sie hören die Fragen. Schreiben Sie die Antworten.

1. _____

2. _____

3. _____

4. _____

H. *Reading and Pronunciation Exercise.*

You have two minutes of reading time for the poem below. Signals will indicate the half minutes. Read aloud, then rewind and listen to yourself, then listen to the speaker. If the equipment does not permit the recording of responses, read aloud as indicated, then read along with the speaker.

Aus dem **Struwwelpeter:** *„Die Geschichte vom fliegenden Robert"*

> Wenn der Regen niederbraust,
> Wenn der Sturm das Feld durchsaust,
> Bleiben Mädchen oder Buben
> Hübsch daheim in ihren Stuben.-
> Robert aber dachte: Nein!
> Das muß draußen herrlich sein!-
> Und im Felde patschet er
> Mit dem Regenschirm umher.
>
> Hui, wie pfeift der Sturm und keucht,
> Daß der Baum sich niederbeugt!
> Seht! den Schirm erfaßt der Wind,
> Und der Robert fliegt geschwind
> Durch die Luft so hoch, so weit;
> Niemand hört ihn, wenn er schreit.
> An die Wolken stößt er schon,
> Und der Hut fliegt auch davon.
>
> Schirm und Robert fliegen dort
> Durch die Wolken immerfort.
> Und der Hut fliegt weit voran,
> Stößt zuletzt am Himmel an.
> Wo der Wind sie hingetragen,
> Ja! Das weiß kein Mensch zu sagen.

CHAPTER V: MITMENSCHEN, A, B, and C TEXTS

In this chapter the theme is human relations; such as gift giving, social work, and behavior after an accident. You will hear some of the active vocabulary in the dialogues and dictation. Strategies for listening precede each section.

A. *Useful Expressions. Speaking Exercise.*

Greetings and holiday wishes are idiomatic; they must be learned as complete phrases. Pay attention to the exact wording and memorize it.

Sie hören, was die Leute in Deutschland, Österreich und der Deutschen Schweiz an den wichtigsten Feiertagen einander wünschen. Wiederholen Sie jede Redewendung in der Pause. Danach sollen Sie Fragen beantworten. Hören Sie gut zu.

zu Weihnachten:

zum Neuen Jahr:

zu anderen Feiertagen:

zum Geburtstag:

Sie danken für die guten Wünsche:

Sie danken für ein Geschenk:

Now stop the tape.

Quiz für A-1.

Schreiben Sie einen Wunsch und eine Antwort für jedes Fest.

1. Ostern. Sie wünschen: _____

   Sie danken: _____

2. Geburtstag. Sie wünschen: _____

   Sie danken: _____

3. Neues Jahr. Sie wünschen: _____

   Sie danken: _____

4. Weihnachten. Sie wünschen: _____

   Sie danken: _____

Quiz für A-2.

Sie hören noch sechs Redewendungen zum Thema Fest und Geschenke. Wiederholen Sie jede Redewendung in der Pause, und schreiben Sie dann die englische Übersetzung. Hören Sie gut zu.

1. _____

2. _____

3. _____

4. _____

5. _____

6. _____

B. *Dictation and Comprehension Exercise.*

Listen carefully and remember the profession of the persons quoted. Each will say only two sentences; concentrate exactly on what each one says. This is formal German; there are no fillers or redundancies. A few words you will need:

der Bundestag:	the West German lower house of parliament
der Tauschhandel:	barter trade
der Eigennutz:	selfishness
der Jakobusbrief:	a chapter in the Bible
die Gabe:	gift

Sie hören, was verschiedene prominente Leute über das Thema Schenken sagen. Beim zweiten Hören schreiben Sie mit. Danach sollen Sie Fragen beantworten. Hören Sie gut zu.

Was denken Sie über das Schenken?

_____

_____

_____

_____

_____

_____

_____

_____

_____

_____

Quiz für B.

Sie hören nun drei Fragen. Suchen Sie die richtigen Antworten aus und kreuzen Sie sie an. Hören Sie gut zu.

1. a. ein Putzmann
    b. eine Verkäuferin
    c. eine Journalistin
    d. ein Sekretär
    e. ein Bürgermeister
    f. eine Autorin
    g. ein Kardinal
    h. ein Senator
    i. ein Bundestagsmitglied
    j. eine Ärztin

2. a. es kann manchmal aus Eigennutz geschehen.
    b. es ist zu teuer.
    c. es ist eine schlechte Sitte.
    d. es kommt nicht von Gott.

3. a. wenn man ein Gegengeschenk bekommt.
    b. wenn es von oben kommt.
    c. wenn man es aus Eigennutz tut.
    d. wenn man anderen eine Freude machen will.

C. *Dialogue. Speaking Exercise.*

The language is idiomatic and quite easy. Listen first, then try to reproduce the structures and sound exactly.

Sie hören ein Gespräch zwischen Hilde und Fritz. Beim zweiten Hören wiederholen Sie in der Pause: Studentinnen, was Hilde sagt; Studenten, was Fritz sagt. Danach sollen Sie Fragen beantworten. Hören Sie gut zu.

Ein Geburtstagsgeschenk.

Quiz für C.

Sie hören jetzt fünf Fragen. Suchen Sie die richtigen Antworten aus und kreuzen Sie sie an. Hören Sie gut zu.

1. a. Hildes Geburtstag
   b. Fritz' Geburtstag
   c. Weihnachten
   d. Fritz' Abitur

2. a. alles Gute zum Neuen Jahr!
   b. Herzlichen Glückwunsch!
   c. frohes Fest!
   d. schöne Feiertage!

3. a. eine Reiseschreibmaschine
   b. einen Computer
   c. ein Paar Jeans
   d. ein tolles Auto

4. a. eine Reiseschreibmaschine
   b. ein Auto
   c. ein Paar Jeans
   d. eine Tasche

5. a. Danke gleichfalls.
   b. Du hast dir aber Mühe gemacht.
   c. Ich habe große Freude an dem Geschenk.
   d. Das ist sehr nett.

D. *Report. Comprehension Exercise.*

Newspaper reports are worded formally; there are few redundancies or fillers. Read the title and think of what you expect to hear. When you listen, concentrate on the words conveying the information, here mostly nouns. You need not understand every single word.

Sie hören einen Bericht über Sozialarbeit; nach dem zweiten Hören sollen Sie Fragen beantworten. Hören Sie gut zu.

Sozialarbeit.

Quiz für D.

Sie hören vier Fragen. Schreiben Sie die Antwort auf deutsch. Hören Sie gut zu.

1. _____

2. _____

3. _____

4. _____

CHAPTER V: MITMENSCHEN, D TEXT

E. *Useful Expressions. Speaking Exercise.*

You have already learned a few expressions dealing with cars as well as exclamations of fright from the passage in your READER. Additional idiomatic expressions follow here. Repeat each sentence in the pause and learn it exactly as it appears.

Sie hören jetzt, was Autofahrer in verschiedenen Situationen sagen. Wiederholen Sie jede Redewendung in der Pause. Danach sollen Sie Fragen beantworten. Hören Sie gut zu.

Was kann man sagen, bevor die Fahrt beginnt?

Was kann man während der Fahrt über das Tempo sagen?

Was rufen Sie in dem Moment, wo Sie ein Unglück sehen?

Wie berichten Sie später, daß etwas passiert ist?

Was kann man nach einem Unfall über das Auto sagen?

Now stop the tape.

Quiz für E.

Schreiben Sie den passenden Ausdruck für die gegebene Situation.

1. Jemand soll zu Ihnen ins Auto kommen.

    _____

2. Jemand soll Ihr Auto verlassen.

    _____

3. Der Fahrer soll schneller fahren.

    _____

4. Der Fahrer soll langsamer fahren.

    _____

5. Sie haben eben einen Unfall bemerkt.

_____

6. Sie berichten, daß jemand verunglückt ist.

_____

7. Sie wollen den Wagen reparieren lassen.

_____

8. Der Wagen kann nicht mehr repariert werden.

_____

F. *Report. Comprehension Exercise.*

Newspaper and police reports are particularly succint; few words are wasted. Concentrate on the hard facts; you need not understand every word to grasp what happened.

Sie hören einen Bericht über einen Autounfall. Danach schreiben Sie die Antworten auf die Fragen. Hören Sie gut zu.

Autounfall.

Now stop the tape.

Quiz für F.

Antworten Sie auf deutsch.

1. Wo ereignete sich der Unfall? _____

2. Wann ereignete er sich? _____

3. Was ist passiert? _____

4. Was ist der Name des Fahrers? _____

5. Wie geht es ihm jetzt? _____

6. Was passierte mit der Beifahrerin? _____

7. Warum passierte der Unfall? _____

8. Wer hat den Unfall gesehen? _____

G. *Dialogue. Speaking Exercise.*

As in all dialogues, be aware of redundancies, fillers, and conversational patterns, but concentrate on the words that convey the information.

Zwei junge Leute, Gerd und Klaus, sind an einem verunglückten Wagen vorbeigefahren. Jetzt diskutieren sie, was sie tun sollen. Beim zweiten Hören wiederholen Sie in der Pause. Danach sollen Sie Fragen beantworten. Hören Sie gut zu.

Nach dem Unfall.

Now stop the tape.

Quiz für G.

Sind diese Aussagen richtig (R) oder falsch (F)?

1.	Die Fahrer haben einen verunglückten Wagen gesehen.	R	F
2.	Gerd will sofort Gas geben.	R	F
3.	Er hat Mühe, auf der feuchten Straße zu bremsen.	R	F
4.	Klaus will den Leuten nicht helfen.	R	F
5.	Sie wissen nicht, ob die Leute in dem Wagen tot sind.	R	F
6.	Gerd hat Angst; er will nicht aussteigen.	R	F
7.	Wieviel Zeit vergeht, ist nicht wichtig.	R	F
8.	Sie müssen zur Polizei gehen.	R	F

H. *Reading and Pronunciation Exercise.*

You have two minutes of reading time for the following text. Signals will indicate the half minutes. Read aloud; then rewind and listen to yourself; then listen to the speaker. If the equipment does not permit the recording of responses, read aloud as indicated, then read along with the speaker.

Franz Kafka: **Gibs auf***!*

Es war sehr früh am Morgen, die Straßen rein und leer, ich ging zum Bahnhof. Als ich eine Turmuhr mit meiner Uhr verglich, sah ich, daß es schon viel später war, als ich geglaubt hatte, ich mußte mich sehr beeilen, der Schrecken über diese Entdeckung ließ mich im Weg unsicher werden, ich kannte mich in dieser Stadt noch nicht sehr gut aus, glücklicherweise war ein Schutzmann in der Nähe, ich lief zu ihm und fragte ihn atemlos nach dem Weg. Er lächelte und sagte: „Von mir willst du den Weg erfahren?" „Ja," sagte ich, „da ich ihn selbst nicht finden kann." „Gibs auf, gibs auf," sagte er und wandte sich mit einem großen Schwunge ab, so wie Leute, die mit ihrem Lachen allein sein wollen.

CHAPTER VI: HUMOR UND WITZ, A und B TEXTS

In this chapter the theme is humor. You will hear words from the active vocabulary in the short dialogues and the dictation. Strategies for listening precede each section of this lesson.

A. *Useful Expressions. Speaking Exercise.*

Here are some expressions used in storytelling: what the narrator says, how the listeners react. These are idiomatic expressions; memorize the exact phrasing.

Hier folgen einige Ausdrücke, die Sie brauchen, wenn Sie eine Geschichte erzählen wollen, oder wenn. Sie auf eine Geschichte reagieren. Wiederholen Sie jeden Ausdruck in der Pause. Danach sollen Sie Fragen beantworten. Hören Sie gut zu.

Sie fangen an.

Sie müssen über etwas lachen.

Sie finden eine Geschichte erstaunlich.

Sie finden eine Geschichte uninteressant.

Wie geht die Geschichte weiter? Sie sagen:

Now stop the tape.

Quiz für A.

Schreiben Sie einen Ausdruck, der auf die gegebene Situation paßt:

1. Sie wollen etwas erzählen: _____

   _____

2. Sie machen eine Pause, und erzählen dann weiter: _____

   _____

3. Sie finden die Erzählung spannend: _____

   _____

4. Sie mögen die Erzählung gar nicht: _____

   _____

B. *Dictation. Comprehension Exercise.*

The following dictation relates a joke. Pay attention to the introduction which sets the scene, and to the punchline. A few words you will need:

der Jude	Jew	judisch	Jewish
das Speisehaus,	restaurant		

Sie hören einen kurzen Witz. Beim zweiten Hören schreiben Sie mit. Danach sollen Sie Fragen beantworten. Hören Sie gut zu.

Wann?

_____

_____

_____

_____

_____

_____

_____

Now stop the tape.

Quiz für B.

Sind diese Aussagen richtig (R) oder falsch (F)?

1. Moses Mendelssohn war Methodist.   R   F

2. Mendelssohn ging nie zum Essen aus.   R   F

3. Mendelssohn bekam sein Essen immer aus einem jüdischen Speisehaus.   R   F

4. Alle Bischöfe sind katholisch.   R   F

5. Der Bischof möchte, daß Mendelssohn das gleiche Essen ißt wie die anderen Gäste.   R   F

6. Mendelssohn lacht, weil er das eine gute Idee findet.   R   F

7. Der Bischof wird bald heiraten.   R   F

C. *A Story. Comprehension Exercise.*

This is a longer text. Concentrate on the story line; do not pay too much attention to the fillers but to the words that convey the information. You can write cue words on a piece of paper to remember the facts. A few words you will need:

gekochte Eier	boiled eggs	gekochte Bohnen	cooked beans
das Huhn	the hen	schulden	to owe

Sie hören jetzt eine kurze Erzählung. Zuerst hören Sie die Erzählung ganz; danach hören Sie sie noch einmal, in zwei Teilen. Nach jedem Teil sollen Sie Fragen beantworten. Hören Sie gut zu.

Die drei gekochten Eier.

Nun hören Sie den ersten Teil zum zweiten Mal.

Now stop the tape.

Quiz für C-1.

Sind diese Aussagen zum ersten Teil richtig (R) oder falsch (F)?

1. Ein Kaufmann bestellte 3 gekochte Eier zum Frühstück.   R   F

2. Als die Eier kamen, aß er sie nicht.   R   F

3. Der Kaufmann mußte vor dem Frühstück abreisen.   R   F

4. Der Wirt suchte ihn überall, um das Geld für seine Eier zu bekommen.   R   F

6. Jedes gekochte Ei wird zu einem Huhn.   R   F

7. Drei Hühner können in einem halben Jahr 30 000 Eier legen.   R   F

8. Der Kaufmann will für 30 000 Eier bezahlen.   R   F

Nun hören Sie den zweiten Teil zum zweiten Mal.

Now stop the tape.

Quiz für C-2.

Sind diese Aussagen zum zweiten Teil richtig (R) oder falsch (F)?

1. Der Kaufmann wollte nicht bezahlen und verließ die Stadt.   R   F

2. Er hatte einen Freund in Köln; der war Richter.   R   F

3. Der Freund konnte nicht zum Richter kommen.   R   F

4. Er hatte sehr viel im Garten zu tun.   R   F

5. Der Freund kam eine Viertelstunde zu spät.   R   F

6. Der Richter konnte nicht warten.   R   F

7. Aus gekochten Bohnen wachsen manchmal neue grüne Bohnen.   R   F

8. Wenn aus gekochten Bohnen grüne Bohnen wachsen, dann werden aus gekochten Eiern auch kleine Hühner.   R   F

Sie haben die Erzählung zweimal gehört und haben Fragen beantwortet. Versuchen Sie nun, die Geschichte nachzuerzählen. Auf dem Tonband hören Sie den Anfang von jedem Satz, wie er in Ihrem Laborheft Steht; sprechen Sie diese Sätze zu Ende.

Quiz für C-3.

Einmal in Köln bestellte _____

Aber bevor er _____

Nach zwei Jahren _____

Bei der Gelegenheit ging er _____

Und dann verlangte der Wirt _____

Als der Kaufmann das hörte, _____

Aber dann erinnerte er sich, _____

Das war gut, denn _____

Aber am nächsten Morgen _____

Als der Freund endlich _____

„Warum _____

„Entschuldigung, ich mußte _____

„Was? Aus gekochten Bohnen _____

Aber der Richter verstand _____

Nun hören Sie die ganze Nacherzählung auf dem Tonband noch einmal. Wiederholen Sie nicht, sondern sprechen Sie mit.

D. *Dialogue. Speaking and Comprehension Exercise.*

Listen to the dialogue between uncle and nephew; it features the usual conversational patterns and fillers. Concentrate on the tone of the speakers.

Dieser Dialog basiert auf der Geschichte Onkel Franz, *die Sie aus Ihrem Lesebuch kennen. Beim zweiten Hören wiederholen Sie die Worte des Onkels in der Pause. Danach sollen Sie Fragen beantworten.* Hören Sie gut zu.

Eine unfreundliche Begrüßung.

Now stop the tape.

Quiz für D.

Beantworten Sie die Fragen auf deutsch.

1. Wie nennt der Onkel den Jungen?

    _____

2. Warum ist er im Moment ärgerlich?

_____

3. Wie erklärt der Junge? Sagt er die Wahrheit?

_____

4. Wiederholen Sie die Warnungen des Onkels.

_____

E. *Comprehension Exercise.*

You will hear two jokes. Listen carefully to each word and write in English why each is funny. A few words you will need:

heulen	to bawl	erst recht	even more
der Grund	reason	das Unrecht	the wrong

Quiz für E-1.

Beantworten Sie diese Fragen auf englisch oder deutsch.

1. Wer ist dieser Mann?

_____

2. Warum weint er?

_____

3. Was ist hier komisch?

_____

A few words you will hear in the second joke.

der Bauer	peasant	der Gutsherr	lord of the manor
sowieso	anyhow		

Quiz für E-2.

Beantworten Sie diese Fragen auf englisch oder deutsch.

1. Welche vier Personen vergleicht der Witz?

    _____

2. Wieviel Mal lacht jede Person?

    _____

3. Welche Person scheint am intelligentesten zu sein? Warum?

    _____

F. *Reading and Pronunciation Exercise.*

You have two minutes reading time for the text below. Signals will indicate the half minutes. Read aloud; then rewind and listen to yourself; then listen to the speaker. If the equipment does not permit the recording of responses, read aloud as indicated, then read along with the speaker.

Das Fernrohr (telescope)

Albert Einstein, der Begründer der Relativitätstheorie, wurde mit seiner Frau eingeladen, das Mount Wilson Observatorium in Kalifornien zu besuchen, das damals das größte Fernrohr der Welt hatte. Einer der Mitarbeiter des Instituts erklärte Frau Einstein das Fernrohr, welches einen Durchmesser von fünf Metern hatte, und ließ sie hindurchsehen. Sie fragte verwundert: „Wozu brauchen Sie eigentlich so ein Fernrohr?" „Das brauchen wir, um die Größe des Weltraums auszumessen." „Ach, wie komisch," sagte Frau Einstein, „das macht mein Mann auf der Rückseite von alten Briefumschlägen (envelopes)."

Man lernt nie aus (one never finishes learning)

Ein Parteifreund kritisierte Bundeskanzler Adenauer verwundert: „Vor ein paar Tagen haben Sie doch einen ganz anderen Standpunkt vertreten!" Adenauer sah den Delegierten ernst an und antwortete dann: „Es kann mich doch niemand daran hindern, jeden Tag klüger zu werden . . ."

CHAPTER VII: PARTNERSCHAFT, A and B TEXTS

In this chapter the theme is partnership; many words in the active vocabulary deal with love, marriage, and the human qualities expected in this context. You will hear some of them in the short dialogues and the dictations. Strategies for listening will precede each section of this lesson.

A. *Useful Expressions. Speaking Exercise.*

How do you talk about feelings of like or dislike toward another person? Such statements are worded idiomatically and are likely to express subtle differences. In the pause, repeat the expressions exactly as given; try to memorize them. A few words you will hear:

imponieren	impress	schätzen	hold in high regard
leiden können	like	nicht ausstehen können	be unable to endure or stand someone

Sie hören jetzt verschiedene Möglichkeiten, wie Sie Ihre Gefühle für einen anderen Menschen ausdrücken können. Wiederholen Sie jeden Satz in der Pause. Hören Sie gut zu.

Mögen Sie Herrn Braun?

Wie finden Sie Petra?

Zwei Mädchen sprechen negativ über eine Freundin.

Now stop the tape.

Quiz für A.

Schreiben Sie den passenden deutschen Ausdruck.

1. You dislike someone.

    _____

2. You are not impressed by someone.

    _____

3. You appreciate someone.

    _____

4. You like someone.

    _____

B. *Dictation. Comprehension Exercise.*

You will hear newspaper ads ("personals") looking for acquaintances or partners. They are worded in standard advertising style and are very condensed to express as much as possible in a few words. Concentrate on the personal qualities mentioned as desirable.

Sie hören nun ein paar Anzeigen, wie man sie in westlichen Zeitungen findet. Beim zweiten Hören schreiben Sie mit. Danach sollen Sie Fragen beantworten. Hören Sie gut zu.

a. _____

_____

_____

_____

b. _____

_____

_____

_____

c. _____

_____

_____

_____

d. _____

_____

_____

_____

Now stop the tape.

Quiz für B.

Suchen Sie die richtige Antwort aus und kreuzen Sie sie an.

1. Welche Anzeige ist von einer Frau geschrieben?   a)   b)   c)   d)

2. Welche Anzeige ist von einem Mann geschrieben?   a)   b)   c)   d)

3. Welche Anzeige sucht eine(n) Ehepartner(in)?　　　　a)　　b)　　c)　　d)

4. Welche Anzeige sucht eine andere Partnerschaft?　　　a)　　b)　　c)　　d)

Welche? _____

C. *Dialogue. Speaking Exercise.*

You will hear a conversation between two business colleagues who are looking for a third partner and are trying to write a newspaper ad. Concentrate on the contrast between conversational patterns and the clipped business style used to describe professional qualities. A few words you will hear:

das Aussehen	looks	das Auftreten	appearance
fundiert	thorough	die Kenntnis	knowledge
voraussetzen	assume	die Anforderung	requirement
die Ausarbeitung	preparation	die Unterlage	documentation
der Auftraggeber	employer	das Unternehmen	enterprise

Sie hören ein Gespräch zwischen zwei Geschäftspartnern, Frau Lang und Herrn Braun, die einen Kollegen oder eine Kollegin für ihr technisches Büro suchen. Sie sind dabei, eine Anzeige aufzusetzen. Beim zweiten Hören wiederholen Sie jeden Satz in der Pause. Hören Sie gut zu.

Partner(in) gesucht.

Now stop the tape.

Quiz für C.

Suchen Sie die richtige Antwort aus und kreuzen Sie sie an.

1. Die Anzeige
   a. wird an die Süddeutsche Zeitung geschickt
   b. wird heute nicht geschrieben
   c. wird an die Zeitung telefoniert

2. Die neue Person ist
   a. ein Mitarbeiter
   b. eine Sekretärin
   c. ein Partner oder eine Partnerin

3. Eine Anforderung der Firma ist
   a. gutes Aussehen
   b. Zuverlässigkeit
   c. sicheres Auftreten

296

4. Die Aufgaben sind
    a. Verhandeln mit Ingenieuren
    b. Ausarbeiten von Konstruktionsunterlagen
    c. Fertigstellung von Fassaden

5. Die Firma ist
    a. ein Bauunternehmen
    b. ein führendes Kaufhaus
    c. eine Firma für exklusive Konstruktionen

6. Die Konstruktionen sind
    a. aus Stein
    b. aus Stein und Metall
    c. aus Metall und Glas

CHAPTER VII: PARTNERSCHAFT, C TEXT

D. *Useful Expressions. Speaking Exercise.*

How are feelings of love for another person expressed? That depends upon the person; such expressions fit only their individual context. Listen carefully, and try to memorize exactly what you have heard.

Wie drückt man das Gefühl der Liebe für eine andere Person aus? Diese Ausdrücke sind verschieden, je nachdem, wer die Person ist. Wiederholen Sie in der Pause, und lernen Sie die Ausdrücke genau. Hören Sie gut zu.

Man sagt   zu einem Kind:
           zu den Eltern, Geschwistern oder Verwandten:
           zu der Person, mit der man flirtet:
           zu der Person, die man heiraten möchte:

In contrast to English, when the discussion is not about persons but about things, the verb *lieben* is never used. Compare:

I love pudding:
I love skiing:
I love this city:

Now stop the tape.

Quiz für D.

Schreiben Sie den passenden deutschen Ausdruck.

1. I love coffee. _____

2. I love eating. _____

3. I love this child. _____

4. I am in love with him. _____

5. I love my parents. _____

6. I have a crush on her. _____

7. I love this man. _____

8. I love this woman. _____

9. I love Munich. _____

E. *Useful Expressions. Speaking Exercise.*

What expressions are used for the act of getting married? Again, these expressions are specific, not interchangeable. Listen carefully and memorize exactly what you've heard.

Was sagt man, wenn man vom Heiraten sprecht? Wiederholen Sie jeden Ausdruck in der Pause, dann lernen Sie ihn. Hören Sie gut zu.

Now stop the tape.

Quiz für E.

Schreiben Sie den passenden deutschen Ausdruck.

1. I am getting married.

_____

2. I want to marry off my son.

_____

3. I'm married.

_____

4. I've married a nice woman.

_____

5. I got married yesterday.

_____

6. I want to marry her off to a nice man.

_____

7. Since August I've been married to a nice man.

_____

E. *Dialogue. Speaking and Comprehension Exercise.*

You will hear a quarrel between husband and wife. There are some idiomatic expressions and fillers. Pay attention to what the quarrel is about.

Sie hören ein unfreundliches Gespräch zwischen Emily und Gottfried. Beim zweiten Hören wiederholen Sie jeden Satz in der Pause. Danach sollen Sie Fragen beantworten. Hören Sie gut zu.

Now stop the tape.

Quiz für F.

Sind diese Aussagen richtig (R) oder falsch (F)?

		R	F
1.	Emily kocht immer das Abendessen.	R	F
2.	Heute soll es Huhn und Reis geben.	R	F
3.	Gottfried muß einkaufen gehen, weil kein Reis da ist.	R	F
4.	Gottfried findet das gut, denn er kauft immer ein.	R	F
5.	Heute ist Gottfried krank.	R	F
6.	Er hat keine Erkältung; er hat nur Launen.	R	F

7. Deshalb geht heute Emily einkaufen.   R   F

8. Er hat Schnupfen, weil er nicht gut geheizt hat.   R   F

9. Emily trinkt gern kühlen Kaffee.   R   F

10. Emily sagt Gottfried nimmt nie Rücksicht.   R   F

11. Emily ist eine gute Ehefrau; der Dialog zeigt, sie ist gutmütig.   R   F

12. Die beiden sind glücklich verheiratet.   R   F

G. *Reading. Pronunciation and Intonation Exercise.*

You have forty-five seconds of reading time. Signals will indicate the fifteen-second intervals. Read aloud; then listen to the speaker. If the equipment does not permit the recording of responses, read aloud as indicated, then read along with the speaker.

Heinrich Heine: Es war ein alter König

Es war ein alter König
Sein Herz war schwer, sein Haupt war grau;
Der arme alte König,
Er nahm eine junge Frau.

Es war ein schöner Page,
Blond war sein Haupt, leicht war sein Sinn;
Er trug die seidne Schleppe
Der jungen Königin.

Kennst du das alte Liedchen?
Es klingt so süß, es klingt so trüb!
Sie mußten beide sterben,
Sie hatten sich viel zu lieb.

CHAPTER VIII: KRIEG UND FRIEDEN, A and B TEXTS

This chapter's theme is war and peace; many words in the active vocabulary deal with it. You will hear some of them in the short dialogues and the dictation. Strategies for listening will precede each section of this lesson.

300   *Copyright © 1990 Holt, Rinehart and Winston, Inc.*

A. *Useful Expressions. Speaking Exercise.*

Writing and discussions about war and peace are usually formal with vocabulary taken from history books or official documents. Some of the most frequently used phrases follow. The English expressions are printed below; you will hear how they are rendered in German. Listen carefully to the formulations and try to memorize them. There are no fillers or redundancies.

Sie hören jetzt Ausdrücke, die man in einer Diskussion über Krieg und Frieden gebrauchen kann. Diese Ausdrücke sind formal und genau. Wiederholen Sie jeden Satz in der Pause. Hören Sie gut zu.

Wir sprechen über militärische Aggression.

1. We'll attack the enemy.

2. The attack began on September 1st.

3. Many countries were attacked.

Wir sprechen über Macht.

4. Who holds power in this country?

5. They took over (the power).

6. They ruled over the country.

Wir sprechen über Sieg und Niederlage.

7. We won.

8. (The) victory is ours.

9. We destroyed the enemy.

10. The enemy suffered a defeat.

11. The country suffered a collapse.

12. The enemy capitulated.

Wir sprechen über das Kriegsende und den Frieden.

13. The war is over.

14. We are waiting for (the) peace.

15. We need negotiations about (the) peace.

16. We need peace negotiations.

Jetzt hören Sie diese sechzehn Ausdrücke zum zweiten Mal. Wiederholen Sie sie in der Pause. Hören Sie gut zu.

Quiz für A-1.

Sie hören jetzt fünf von den deutschen Ausdrücken. Schreiben Sie die Nummer der passenden englischen Übersetzung.

a.   b.   c.   d.   e.

Now stop the tape.

Quiz für A-2.

Schreiben Sie den richtigen deutschen Ausdruck.

1. We won.

   _____

2. Many countries were attacked.

   _____

3. We're waiting for (the) peace.

   _____

4. The enemy capitulated.

   _____

5. We destroyed the enemy.

   _____

B. *Dictation. Comprehension Exercise.*

You will hear a short excerpt about Austria in WWII. This is very formal German without conversational patterns or fillers. Concentrate on the nouns.

Sie hören einen kurzen Abschnitt über Österreich im zweiten Weltkrieg. Beim zweiten Hören schreiben Sie mit. Danach sollen Sie Fragen beantworten. Hören Sie gut zu.

_____

_____

_____

_____

_____

_____

_____

_____

Quiz für B.

Sie hören drei Fragen zum Diktat. Schreiben Sie Ihre Antwort auf deutsch.

1. _____

2. _____

3. _____

C. *Report. Comprehension Exercise.*

You will hear excerpts from remarks by Hitler just before the beginning of World War II. The text contains no fillers; listen carefully to the nouns and adjectives which carry the information. A few words which you will need to understand the text:

durchhalten	hold out	die Sicherstellung	guarantee
die Ernährung	nourishment	die Lebensmittel	foodstuffs
die Auslösung	unleashing	die Versorgung	procurement
der Anlaß	occasion	die Besiedelung	settlement

Sie hören nun einige Bemerkungen, die Hitler kurz vor Beginn des zweiten Weltkriegs gemacht hat. Danach sollen Sie Fragen beantworten. Hören Sie gut zu.

Sie hören fünf Fragen zum Text. Schreiben Sie Ihre Antwort auf englisch.

1. _____

2. _____

3. _____

4. _____

5. _____

CHAPTER VIII: KRIEG UND FRIEDEN, C TEXT

D. *Report. Comprehension Exercise.*

You will hear a report on concentration camps. There are no conversational patterns, redundancies, or fillers. Concentrate on the nouns which give most of the information. A few words you will need to understand the text:

ausschalten	eliminate	rassisch	racist
der Gegner	opponent	der Schädling	parasite
der Durchgang	transit	der Arbeitsscheue	work dodger
		der Gerichtsverfahren	judicial proceeding

Sie hören einen Bericht über Konzentrationslager. Die Sätze sind kurz und knapp; es gibt keine idiomatischen Wendungen. Achten Sie auf die Substantive. Danach sollen Sie Fragen beantworten. Hören Sie gut zu.

Konzentrationslager.

Now stop the tape.

Quiz für D.

Suchen Sie die richtige Antwort aus und kreuzen Sie sie an.

1. Konzentrationslager gibt es
   a. seit 1933
   b. seit Beginn des zweiten Weltkriegs
   c. schon bevor die Nationalsozialisten an die Macht kamen

2. Die Lager wurden errichtet, um
   a. die Juden zu vernichten
   b. Homosexuelle zu konzentrieren
   c. alle Gegner oder Volksschädlinge auszuschalten oder zu vernichten

3. Bevor ein Mensch in ein KZ deportiert wurde,
   a. wurde er von einem Richter vernommen
   b. mußte er als Krimineller oder Geisteskranker erklärt werden
   c. gab es keinerlei Gerichtsverfahren

4. Während des Krieges gab es
   a. tausende von Arbeitslagern
   b. nur noch Vernichtungslager
   c. hunderte von Lagern verschiedener Art

E. *Dialogue. Comprehension and Speaking Exercise.*

You will hear a conversation between an older German woman and an American exchange student. Pay attention to the usual conversational patterns, but concentrate mostly on the information transmitted by nouns and verbs.

Jack, ein Austauschstudent aus Amerika, befragt seine Wirtin, Frau Weber, über ihre Erlebnisse nach dem Krieg. Wiederholen Sie in der Pause, was Sie gehört haben. Achten Sie auf die Redewendungen, wie immer, aber konzentrieren Sie sich auf die Substantive und Verben, die die Information enthalten. Zuerst hören Sie die Konversation ganz, dann in zwei Teilen. Nach jedem Teil sollen Sie Fragen beantworten. Hören Sie gut zu.

Erlebnisse nach dem Krieg.

Nun hören Sie den ersten Teil zum zweiten Mal.

Now stop the tape.

Quiz für E-1.

Sind diese Aussagen richtig (R) oder falsch (F)?

1. Jack studiert deutsche Geschichte des 19 Jahrhunderts.   R   F

2. Frau Weber erinnert sich an nichts.   R   F

3. Bei Kriegsende war Frau Weber noch nicht geboren.   R   F

4. Sie kann den Hunger nicht vergessen.   R   F

5. Im Mai 1945 gab es keine Telefonverbindungen.   R   F

6. Alle Versorgungsprobleme waren damals schwierig.   R   F

Nun hören Sie den zweiten Teil zum zweiten Mal.

Now stop the tape.

Quiz für E-2.

Sind diese Aussagen richtig (R) oder falsch (F)?

1. Eine Zuteilungsperiode ist die Zeit, für die man Essensrationen kaufen kann.   R   F

2. Für vier Wochen bekam ein Normalverbraucher 6 Kilo Brot.   R   F

3. 1 000 Gramm sind 2,2 amerikanische Pfund.   R   F

4. Um genug zu essen zu haben, mußte man hamstern gehen.   R   F

5. Familie Weber kaufte alles auf dem Schwarzen Markt ein.   R   F

6. Auf dem Schwarzen Markt gab es amerikanische Sachen.   R   F

7. Viele Leute gingen auf den Bauernhöfen hamstern.   R   F

8. Seitdem findet Frau Weber alles Essen schrecklich.   R   F

F. *Reading Exercise.*

You have one minute to read the following poems in your manual. A signal will indicate the half minute. Read aloud; then listen to the speaker. If the equipment does not permit the recording of responses, read aloud as indicated; then read along with the speaker.

Günter Kunert Über einige Davongekommene

Als der Mensch
Unter den Trümmern
Seines
Bombardierten Hauses
Hervorgezogen wurde,
Schüttelte er sich
Und sagte:
Nie wieder.

                    Jedenfalls nicht gleich.

Auf der Schwelle des Hauses

> In den Dünen sitzen. Nichts sehen
> Als sonne. Nichts fühlen als
> Wärme. Nichts hören
> Als Brandung. Zwischen zwei
> Herzschlägen glauben: Nun
> Ist Frieden.

CHAPTER IX: STADT UND LAND, A and B TEXTS

The topic in this chapter is the contrast between city and country. You will hear many words from the active vocabulary that deal with it. Strategies for listening will precede each section of this lesson.

A. *Useful Expressions. Speaking Exercise.*

Watch how English differs from German in the use of some prepositions. Memorize correct usage.

Sie hören jetzt Ausdrücke, die man gebraucht, wenn man darüber spricht, wo man wohnt. Wiederholen Sie jeden Satz in der Pause. Hören Sie gut zu.

Wo wohnst du?

Woher kommst du?

Wohin gehst / ziehst du?

Now stop the tape.

Quiz für A.

Schreiben Sie den richtigen deutschen Satz.

1. I live in the country.

_____

2. I'm moving to the city.

   _____

3. I come from the Rhine [area].

   _____

4. I live on the third floor.

   _____

5. I'm moving to the village.

   _____

6. I come from Frankfurt.

   _____

7. I live on Main Street.

   _____

8. I'm moving to the country.

   _____

9. I come from the village.

   _____

10. I'm moving to the center [of the city].

    _____

B. *Dialogue. Speaking and Comprehension Exercise.*

You will hear a dialogue between a city dweller and a young woman who lives in the country. Pay attention to conversational patterns, idiomatic expressions, and fillers, but concentrate on the gist of the conversation, the pros and cons of country and city life.

Sie hören jetzt ein Gespräch zwischen Reinhold, der in einer Großstadt wohnt, und Paula, die aus einem Ort von 1000 Einwohnern stammt. Beim zweiten Hören wiederholen die Studenten, was Reinhold sagt, die Studentinnen, was Paula sagt. Danach sollen Sie Fragen beantworten. Hören Sie gut zu.

Wo möchtest du wohnen und dein Leben verbringen?

Now stop the tape.

Quiz für B.

Suchen Sie die richtige Antwort aus und kreuzen Sie sie an.

1. Reinhold
   a. wohnt im Zentrum einer Kleinstadt
   b. sagt nicht, wo er wohnt
   c. wohnt in einer Großstadt

2. Paula
   a. ißt gern Sardinen aus der Büchse
   b. hat Reinhold nicht gesehen
   c. findet es gut, daß er so laut gerufen hat

3. Paula und Reinhold
   a. treffen sich auf dem Bahnhofsplatz
   b. kommen gerade von der Arbeit
   c. gehen zum Zug

4. Paula
   a. fährt lieber mit dem Fahrrad
   b. kann ihre Freunde jederzeit finden
   c. möchte, daß Reinhold mit dem Fahrrad fährt

5. Reinhold
   a. studiert in der Stadt
   b. sucht seine Bücher
   c. findet seine Bücher in der Dorfbücherei

6. Reinhold
   a. macht sehr oft Pause
   b. geht gern auf einer grünen Wiese spazieren
   c. würde sich auf dem Dorf langweilen

7. Paula
   a. will Reinhold heiraten und Kinder haben
   b. glaubt nicht, daß Kinder auf der Straße spielen sollen
   c. sagt, Kinder könnten im öffentlichen Park herumfahren

8. Reinhold
   a. glaubt, Kinder sollen die Schweine füttern
   b. will nicht bei der Ernte helfen
   c. denkt, auf dem Land können Kinder nichts lernen

9. Reinhold und Paula
   a. lieben gesundes Leben in der Natur
   b. werden einander auf dem Land und in der Stadt besuchen
   c. gehen zusammen ins Museum

10. Reinhold und Paula
    a. haben verschiedene Ansichten über Stadt und Land
    b. brauchen viel frische Luft
    c. sehen nicht gern tolle amerikanische Filme

C. *Dictation*.

A letter to the editor will be read, complaining about life in a small town. Write as you hear.

Sie hören jetzt einen Klagebrief an eine Kleinstadt-Zeitung. Schreiben Sie sofort mit. Hören Sie gut zu.

An die Redaktion.

_____

_____

_____

_____

_____

_____

_____

_____

_____

_____

_____

_____

CHAPTER IX: STADT UND LAND, C TEXT

D. *Useful Expressions. Speaking Exercise.*

You will hear some expressions used to introduce opinions or arguments. Try to memorize them.

Sie hören Redewendungen, die man zur Einführung von Argumenten für oder gegen eine Sache benutzt. Wiederholen Sie jede Wendung in der Pause. Danach beantworten Sie Fragen. Hören Sie gut zu.

Wenn Sie ein Argument für etwas bringen wollen:

Wenn Sie ein Argument gegen etwas bringen wollen:

Wenn Sie einen Vergleich der beiden Seiten unternehmen wollen:

Now stop the tape.

Quiz für D.

Schreiben Sie eine passende deutsche Wendung.

1. You argue against something

   _____

2. You compare two positions

   _____

3. You wish to introduce both sides

   _____

E. *Report. Comprehension Exercise.*

You will hear a brief article about the difficulties experienced by German refugees and expellees resettling after the war. A few words to help you understand the text:

　　　　　　311

der / die Heimatvertriebene	expellee	der Besitz	possession(s)
die Forstwirtschaft	forestry	der Schmied	blacksmith
abhängig	dependent	die Vertreibung	expulsion
der Abstieg	descent		

Sie hören einen Bericht über die Berufsschwierigkeiten vieler Flüchtlinge nach dem Krieg. Der Bericht ist im Zeitungsstil geschrieben; es gibt keine idiomatischen Wendungen. Konzentrieren Sie sich auf die Substantive und Adjektive. Danach sollen Sie Fragen beantworten. Hören Sie gut zu.

Neubeginn für die Flüchtlinge.

Quiz für E.

Sie hören sechs Fragen auf deutsch. Schreiben Sie Ihre Antwort sehr kurz auf englisch.

1. Woher kommen die Flüchtlinge und seit wann?

   _____

   _____

2. Erklären Sie, wer ein Heimatvertriebener ist.

   _____

   _____

3. Beschreiben Sie die wirtschaftliche Lage dieser Menschen.

   _____

   _____

4. Warum herrscht so große Arbeitslosigkeit unter ihnen?

   _____

   _____

5. Warum sind die Bauern in einer besonders schwierigen Lage?

   _____

   _____

6. Was sind die sozialen Folgen?

_____

_____

F. *Dictation. Comprehension Exercise.*

You will hear a brief report about a famous metropolis. Write as you listen.

Sie hören einen kurzen Ausschnitt über die österreichische Hauptstadt. Schreiben Sie sofort mit. Sie hören den Text zweimal. Danach sollen Sie vier Fragen beantworten. Hören Sie gut zu.

_____

_____

_____

_____

_____

Now stop the tape.

Quiz für F.

Beantworten Sie die vier Fragen in ganz kurzen deutschen Sätzen.

1. Wien hat eine besondere Atmosphäre. Warum?

_____

2. Wieso kann man die Stadt ein Kaleidoskop nennen?

_____

3. Erklären Sie Wiens geographische Lage.

_____

4. Was waren die Folgen dieser Lage?

G. *Reading and Pronunciation Exercise.*

You have one minute of reading time. A signal will indicate the half minute. Read aloud; then listen to the speaker. If the equipment does not permit the recording of responses, read aloud as indicated; then read along with the speaker.

Peter war der Gänsejunge des Ritterguts. Er wußte viele Plätze, wo zartes Gras wuchs, wo der Löwenzahn dicht wie ein gelbes Meer stand. Auf manch einem solchen Platz brauchte er auf die Gänse überhaupt nicht aufzupassen; er konnte sich ins Gras legen und in den Himmel starren, den Wolken zuschauen, die zuweilen aussahen wie ein Hund oder eine Kuh, manchmal wie große Häuser mit Fenstern darin. Es kam auch vor, daß eine Wolke aussah wie eine Flöte. Das waren die schönsten, und wenn sie über den Himmel segelten, vergaß Peter seine Gänse und starrte der Flötenwolke nach, bis sie irgendwo am Rande zerfloß.

CHAPTER X: GETEILTES DEUTSCHLAND, A, B, AND C TEXTS

The topic of this chapter is the division of Germany in 1945 and the existence of two Germanys since then. Some of the active vocabulary refers to that topic; you will hear it in the short dialogues and the dictations. Strategies for listening will precede each section of this lesson.

A. *Useful Expressions. Speaking Exercise.*

Country names are proper nouns in German and English. Most of them are neuter nouns but used without an article. (A few exceptions: die Schweiz, die Türkei, die Mongolei, die Tschechoslowakei) Country names which include a general noun are used with the gender of the latter, in the singular or plural, as the case may be (die Sowjetunion; die Vereinigten Staaten).

The English names of countries and their citizens are printed below; you will hear them now in German. Repeat after the speaker and memorize them exactly, noting the use or omission of the article.

Sie hören jetzt die Namen von verschiedenen Staaten. Wiederholen Sie in der Pause und lernen Sie die Namen. Hören Sie gut zu.

Wir reisen:

to the Federal Republic of Germany

to the German Democratic Republic

to West Germany

to East Germany

to Europe

to England

to France

to Austria

to Poland

to Hungary

to Holland

to the Netherlands

to Switzerland

to Czechoslovakia

to the Soviet Union

to the United States

to America

to China

to Vietnam

to India

Nun hören Sie, wer in diesen Ländern wohnt. Wiederholen Sie in der Pause. Hören Sie gut zu.

Wer wohnt wo?

In Europe wohnen

In der Bundesrepublik wohnen

In der Deutschen Demokratischen Republik wohnen

In England wohnen

In Frankreich wohnen

In Holland wohnen

In den Niederlanden wohnen

In der Schweiz wohnen

In Österreich wohnen

In der Tschechoslowakei wohnen

In Polen wohnen

In Ungarn wohnen

In der Sowjetunion wohnen

In Rußland wohnen

In den Vereinigten Staaten wohnen

In China wohnen

In Vietnam wohnen

In Indien wohnen

Now stop the tape.

Quiz für A.

Schreiben Sie die deutschen Namen.

1. the Soviet Union, the Russians _____

2. the Dutch people _____

3. Switzerland, the Swiss _____

4. the Indians _____

5. Poland, the Poles _____

6. France, the French _____

B. *Dictation. Comprehension Exercise.*

You will hear a short excerpt from an article about Berlin. There are no idiomatic expressions or fillers. Concentrate on the nouns which convey the meaning.

Sie hören einen kurzen Ausschnitt über Berlin. Schreiben Sie sofort mit. Sie hören den Text zweimal. Hören Sie gut zu.

_____

_____

_____

_____

_____

_____

_____

_____

Now stop the tape and look at what you have written. Also do the Quiz.

Quiz für B. Beantworten Sie die Fragen auf englisch.

1. Was wurde in Yalta über Berlin bestimmt?

   a. _____

   b. _____

2. Wer sind die Westmächte?

   _____

3. Was machten die Sowjets in Antwort auf die Währungsreform?

   _____

4. Warum konnten die Berliner die Blockade aushalten?

   _____

C. *Dialogue. Speaking and Comprehension Exercise.*

You will hear a classroom discussion about the so-called "German Question." Conversational patterns and fillers are few; concentrate on the nouns which refer to the problem. Take notes on some key words to help you remember later.

Sie hören eine kurze Diskussion im Klassenzimmer; Mark aus den Vereinigten Staaten spricht mit Jürgen über deutsche Geschichte. Es gibt nur wenige idiomatische Wendungen; achten Sie auf die Substantive, die die Substanz der Fragen und Antworten ausmachen. Hören Sie gut zu.

Die Deutsche Frage.

Now stop the tape.

Quiz für C.

Suchen Sie die richtigen Antworten aus und kreuzen Sie sie an.

1. Die Deutsche Frage
   a. stammt aus dem 19. Jahrhundert.
   b. stammt aus der Zeit nach Kriegsende.
   c. wird nur von amerikanischen Studenten gefragt.

2. Man kann die Deutsche Frage verschieden formulieren,
   a. weil sie aus dem 19. Jahrhundert stammt.
   b. weil die Leute verschieden über die Frage denken.
   c. weil sich die historische Situationen ändern.

3. „Was ist des Deutschen Vaterland?"
   a. Diese Frage wurde im 19. Jahrhundert gestellt, weil es vor 1871 so viele verschiedene deutsche Staaten gab.
   b. Diese Frage wurde gestellt, weil so viele Deutsche im Ausland leben.
   c. Diese Frage wurde gestellt, als die Alliierten Deutschland in Zonen aufteilten.

4. „Wohin gehören die Deutschen?"
   a. Das ist die Formulierung aus der Zeit vor Bismarck.
   b. Das ist die Frage, die alle Deutschen im Ausland stellen.
   c. Das ist die Frage, die mit Deutschlands Teilung akut wurde.

5. „Wem gehören die Deutschen?"
   a. Die Antwort kann nur ein ungeteiltes Deutschland geben.
   b. Die Antwort kann nur ein neuer Kalter Krieg geben.
   c. Die Deutschen haben wenig Einfluß auf die Antwort.

6. Der Aufstand vom 17. Juni 1953
   a. war ein Aufstand der Bauern.
   b. war auf Berlin begrenzt.
   c. passierte in hunderten von ostdeutschen Städten.

7. Ist die Teilung von Deutschland permanent?
   a. Ja, denn in Berlin steht die Mauer.
   b. Ja, denn die DDR gehört zum Warschau Pakt.
   c. Ja, solange internationale Spannungen zwischen Osten und Westen existieren.

CHAPTER X: GETEILTES DEUTSCHLAND, D AND E TEXTS

D. *Dictation. Comprehension Exercise.*

You will hear part of Article 2 of the 1968 Constitution of the GDR. A few new words you will need:

der Werktätige	worker	ausüben	exercise
die Ausbeutung	exploitation	vervollkommnen	improve
die Bemühung	effort	die Übereinstimmung	agreement
die Triebkraft	impetus	die Erfordernis	requirement

Sie hören zwei Abschnitte aus der Verfassung der DDR von 1968. Schreiben Sie sofort mit. Hören Sie gut zu.

Kapitel I, Artikel 2

_____

_____

_____

_____

_____

_____

_____

_____

Now stop the tape.

Quiz für D.

Beantworten Sie die Fragen auf englisch.

1. Welchen Satz im ersten Abschnitt kann man „progressiv" nennen?

_____

2. Was ist das sozialistische Prinzip?

_____

3. Was sind die Konsequenzen auf dem Arbeitsmarkt, wenn es verwirklicht wird?

_____

E. *Dialogue. Speaking and Comprehension Exercise.*

You will hear a very brief dialogue beween teacher and student. The language is very easy, the implications less so. A few new words:

der Mittelscheitel	part in the middle of one's hair
das Hinscheiden	death
Friedrich Wilhelm I.	King of Prussia from 1713–1740, the ''Soldier King'', famous for his insistence on discipline and obedience.

Sie hören einen sehr kurzen Dialog zwischen Lehrer und Schülerin. Wiederholen Sie jeden Satz in der Pause. Danach sollen Sie Fragen beantworten. Hören Sie gut zu.

Menschenbild.

Now stop the tape.

Quiz für E.

Antworten Sie auf deutsch oder englisch.

1. Was kritisiert der Lehrer?

_____

2. Wie verteidigt sich die Schülerin?

_____

3. Genügt diese Antwort?

_____

4. Was sagt der Lehrer über die Haare?

_____

5. Warum datiert der Autor den Zeitpunkt der Konversation, indem er den Preußenkönig nennt?

    _____

6. Warum betont der Autor, daß die Konversation in einer Oberschule stattfindet?

    _____

F. *Pronunciation and Intonation Exercise.*

You have one minute of reading time. A signal will indicate the half minute. Read aloud, then listen to the speaker. If your lab does not permit the recording of responses, read aloud as indicated, then read along with the speaker.

Hoffmann von Fallersleben:

> *Das Lied der Deutschen, Strophe 3
> (die heutige west deutsche Nationalhymne)

> Einigkeit und Recht und Freiheit
> Für das deutsche Vaterland!
> Danach laßt uns alle streben
> Brüderlich mit Herz und Hand!
> Einigkeit und Recht und Freiheit
> Sind, des Glückes Unterpfand:
> Blühe im Glanze dieses Glückes,
> Blühe, deutsches Vaterland!

*[NOTE]: We do not include the words of the national anthem of the German Democratic Republic because they are not used at present.

CHAPTER XI: AUS DER LITERARISCHEN TRADITION, A AND B TEXTS

The topic of this chapter is the literary and cultural tradition as it is preserved today. Many of the words in the active vocabulary refer to this topic; you will hear them in the dictations, stories and dialogues. Listening strategies will precede each section of this lesson.

A. *Report. Comprehension Exercise.*

You will hear a newspaper article about a young people's library. The language is easy; vocabulary you do not know can be guessed from the context. There are no idiomatic patterns or fillers. Concentrate on the figures and nouns which contain the important information. You may wish to take some notes to help you remember.

Sie hören einen Artikel über eine Jugendbibliothek. Zuerst hören Sie den Text ganz, dann in zwei Teilen. Nach jeden Teil sollen Sie Fragen beantworten. Beim Hören achten Sie auf die Zahlen und Substantive, so daß Sie danach die Fragen beantworten können. Hören Sie gut zu.

Wo Robinson Crusoe im Keller liegt.

Nun hören Sie den ersten Teil zum zweiten Mal.

Now stop the tape.

Quiz für A-1.

Suchen Sie die richtigen Antworten aus und kreuzen Sie sie an.

1. Wo befindet sich die Internationale Jugendbibliothek?
   a. in einem neuen Gebäude in München
   b. in einem kaputten Schloß
   c. in einem restaurierten mittelalterlichen Schloß

2. Was ist die Geschichte des Schlosses?
   a. es stammt aus dem Jahre 1974
   b. es stammt aus der Renaissance
   c. es stammt aus dem Jahre 1438

3. Über die Bücher im Schloß:
   a. die Bücher sind nach Themen geordnet
   b. die Bücher sind nach den Ländern geordnet, woher sie kommen
   c. die Bücher sind nach Themen und Ländern geordnet

4. Wieviele Bücher gibt es?
   a. etwa 100 000 Bände, und jedes Jahr kommen 10 000 neue
   b. etwa 380 000 Bände, und jedes Jahr kommen 50 000 neue
   c. etwa 380 000 Bände, und jedes Jahr kommen 15 000 neue

Nun hören Sie den zweiten Teil zum zweiten Mal.

Now stop the tape.

Quiz für A-2.

Suchen Sie die richtigen Antworten aus und kreuzen Sie sie an.

1. Inwiefern ist die Bücherei international?
    a. Man sammelt in 120 Sprachen
    b. Man sammelt in Deutsch, Englisch und Französisch
    c. Helfer aus 25 Ländern arbeiten in der Bibliothek

2. Welche Art Bücher sind besonders faszinierend?
    a. Comic-Heftchen aus der Zeit von Königin Victoria
    b. Romane über Lust an Gewalt und Abenteuern
    c. Penny-Romane aus allen Zeiten

3. Für welche Leute ist die Bibliothek ein Paradies?
    a. Studenten jeder Fachrichtung
    b. skrupellose Verleger
    c. Helfer der verschiedensten Nationalitäten

4. Welche besonderen Schätze sind in der Bibliothek?
    a. Erstausgaben von Scott und Cooper
    b. sämtliche Werke von Robinson Crusoe
    c. 12 Stipendiate für jeweils drei Monate

B. *Dictation*.

You will hear the beginning of an article about the annual medieval festival held in a small town on the Rhine river. The language is easy. Write what you hear, recalling German spelling rules.

Sie hören den Anfang eines Berichts über eine Tradition in einer kleinen Stadt am Rhein. Schreiben Sie sofort mit. Hören Sie gut zu.

Mittelalterliches Spektakel.

_____

_____

_____

_____

_____

_____

_____

_____

_____

_____

C. *Report. Comprehension Exercise.*

Now you will hear the rest of the article that began with the dictation above. Listen carefully.

Sie hören nun den Rest des Berichts. Zuerst hören Sie den Text ganz, dann in zwei Teilen. Nach jedem Teil sollen Sie Fragen beantworten. Hören Sie gut zu.

Nun hören Sie den ersten Teil zum zweiten Mal.

Now stop the tape.

Quiz für B und C-1.

Sind diese Aussagen richtig (R) oder falsch (F)?

1.	Der 12-jährige Christian besucht den Königshof.	R F
2.	Er sieht einen Schmied und einen Feuerschlucker.	R F
3.	Eine Zeitmaschine produziert diese Personen.	R F
4.	Das Spektakel findet jedes Jahr im Juni statt.	R F
5.	Straßenlaternen, Fernsehantennen und Autos passen gut zu dem Spektakel.	R F
6.	Leider gibt es die alte Stadtmauer nicht mehr.	R F
7.	Vom Marktplatz kann man die Lorelei sehen.	R F
8.	Die Leute tragen Kostüme aus dem Theater.	R F
9.	Kaffee und Tee waren im Mittelalter beliebt.	R F

Nun hören Sie den zweiten Teil zum zweiten Mal.

Now stop the tape.

Quiz für C-2.

Sind diese Aussagen richtig (R) oder falsch(F)?

1. Christian beobachtet die fleißigen Handwerker.   R   F

2. Alle diese Berufe gibt es heute nicht mehr.   R   F

3. Die Puppenmacherin verkauft Puppen.   R   F

4. Die meisten Kinder spielen mit.   R   F

5. Man glaubt, daß das Mittelalter kalt und schmutzig war.   R   F

6. Auch ohne Elektrizität ist das Leben aufregend und lustig.   R   F

7. Unsere Urururgroßmütter könnten viel davon erzählen.   R   F

CHAPTER XI: AUS DER LITERARISCHEN TRADITION, C, D, AND E TEXTS

D. *A Fable. Comprehension Exercise.*

You will hear a fable from a 1498 northern German book, originally written in verse. Vocabulary you do not know can be guessed from the context, even the animal names which are cognates. You may wish to take a few notes to remember all events.

Sie hören jetzt eine Fabel aus dem Buch Reineke Fuchs. *Achten Sie darauf, wer in den verschiedenen Episoden Richter ist. Zuerst hören Sie den Text ganz, danach in zwei Teilen. Nach jedem Teil sollen Sie Fragen beantworten.* Hören Sie gut zu.

Der Bauer und die Schlange.

Nun hören Sie den ersten Teil zum zweiten Mal.

Now stop the tape.

Quiz für R D-1.

Beantworten Sie die Fragen auf englisch.

1. Warum macht der Bauer die Schlange frei?

2. Was macht die Schlange nach ihrer Befreiung?

_____

3. Welchen Grund gibt sie an für ihr Verhalten?

_____

4. Wie reagiert der Bauer?

_____

5. Wer ist der erste Richter, und was sagt er?

_____

Nun hören Sie den zweiten Teil zum zweiten Mal.

Now stop the tape.

Quiz für D-2.

Beantworten Sie die Fragen auf englisch.

1. Wer sind die nächsten Richter, und wie richten sie? Warum?

_____

2. Wer ist dann der Richter, und was sagt er?

_____

3. Welchen Trick benutzt der Fuchs?

_____

4. Wie endet die Fabel? Ist das gerecht?

_____

5. Sie haben zwei deutsche Sprichwörter gehört. Schreiben Sie die englische Übersetzung.

_____

E. *Dialogue. Speaking and Comprehension Exercises.*

You will hear a conversation reported by Germany's most famous poet, Goethe. The language is very simple. Repeat every sentence after the speaker.

Sie hören jetzt ein Gespräch zwischen Goethe und einem alten Mann, einem ehemaligen österreichischen General. Es hatte in Karlsbad stattgefunden, und der Dichter erzählte es bei einer Abendgesellschaft in Weimar, im Jahre 1806. Wiederholen Sie jeden Satz in der Pause. Hören Sie gut zu.

Sie hören sechs Fragen. Kreuzen Sie die richtige Antwort an.

Quiz für E.

1. a	b		4. a	b	
2. a	b		5. a	b	
3. a	b		6. a	b	

F. *Reading and Pronunciation Exercise.*

You have two minutes to read the text in your manual. Signals will indicate the half minutes. Read aloud, then listen to the speaker.

[*Die Schildbürger* sind die Bürger der Stadt Schilda und sind für ihre legendäre Dummheit bekannt.]

Der Mühlstein

Die Schildbürger wollten eine Mühle bauen. Dazu machten sie oben auf dem Berg in einer Steingrube einen Mühlstein, den sie dann mit viel Mühe den Berg hinuntertrugen. Als sie unten waren, erinnerten sie sich, wie sie früher ein Rathaus gebaut und die Baumstämme dafür ganz leicht den Berg hinuntergerollt hatten. „Wir sind doch große Dummköpfe, den Stein herabzutragen. Wir wollen ihn wieder hinaufbringen und dann den Berg hinabrollen lassen, wie damals die Baumstämme für unser Rathaus."

Sie brachten also den Stein mit viel größerer Mühe wieder hinauf. Als sie ihn hinabrollen wollten, sagte einer, „Wo wird er wohl hinlaufen? Wer soll uns das sagen?" „Ei," sagte der Bürgermeister, „dem ist leicht zu helfen. Der Mühlstein hat ein Loch in der Mitte, also muß einer den Kopf ins Loch stecken und mit hinablaufen." So wurde einer gewählt, der mußte mit dem Stein den Berg hinablaufen.

Untem am Berg war ein kleiner See; in den fiel der Stein mit dem Schildbürger. Da waren Stein und Mann versunken, und keiner wußte, wohin sie gekommen waren. Sie glaubten, der Mann sei mit dem Stein fortgelaufen. So ließen die Schildbürger in allen benachbarten Dörfern und Städten Briefe aushängen. Darin stand: „Wenn einer mit einem Mühlstein um den Hals kommt, den soll man als einen Dieb anhalten und richten."

CHAPTER XII: AUS DER LITERARISCHEN TRADITION, A, B, AND C TEXTS

The topic in this chapter is the literary tradition and the role of literature in society. The reports, dialogues, and dictations will refer to that topic. Listening strategies precede each selection.

A. *Dialogue. Speaking and Comprehension Exercise.*

You will hear a lengthy interview with a German writer about her political activities. You will not know some of the vocabulary but will be able to guess the meaning of words from their context. Concentrate on the topics discussed. Take some notes while you are listening and repeating so that you will be able to recall what you have heard.

Sie hören ein fiktives Interview mit Luise Rinser (*1911), das auf Bemerkungen dieser politisch engagierten Schriftstellerin basiert. Wiederholen Sie jeden Satz in der Pause. Zuerst hören Sie das Interview ganz, dann in zwei Teilen. Nach jedem Teit sollen Sie Fragen beantworten. Hören Sie gut zu.

Der Schriftsteller und die Gesellschaft.

Now stop the tape.

Quiz für A-1.

Sind die Aussagen richtig (R) oder falsch (R)?

1.	Die Autorin findet ein Engagement der Schriftsteller richtig.	R	F
2.	Rinser hat während der Nazizeit viel publiziert.	R	F
3.	Sie wurde wegen Hochverrats zum Tode verurteilt.	R	F
4.	Nach dem Krieg arbeitete sie als Journalistin.	R	F
5.	Sie verdammt jugendliche Rebellionen.	R	F
6.	Sie kämpft gegen den Neo-Faschismus und den Kapitalismus.	R	F

Nun hören Sie den zweiten Teil zum zweiten Mal.

Now stop the tape.

Quiz für A-2.

Sind diese Aussagen richtig (R) oder falsch (F)?

1.	Rinser ist ohne Ausnahme gegen jede Form der Gewalt.	R	F
2.	Rinser ist für Gewalt, wenn sie den Armen hilft.	R	F

3. Sie kämpft für die Gleichberechtigung der Frau.   R   F

4. Sie arbeitet heute noch für die SPD.   R   F

5. Sie sitzt als Vertreterin der Grünen im Bundestag.   R   F

6. Sie ist heute nicht mehr religiös interessiert.   R   F

B. *Dictation.*

You will hear a brief introduction to a work on the art of literature. You may not know some words but you can guess their meaning from the context. Write immediately what you hear.

Sie hören einen sehr kurzen Abschnitt aus einem Buch über die Dichtkunst. Sie können die Bedeutung unbekannter Wörter aus dem Kontext erraten. Schreiben Sie sofort mit. Nach dem zweiten Hören sollen Sie Fragen beantworten. Hören Sie gut zu.

_____

_____

_____

_____

_____

_____

_____

_____

_____

_____

Now stop the tape.

Quiz für B.

Beantworten Sie die Fragen auf englisch.

1. Als was wird die Dichtkunst hier angesehen? _____

_____

2. Nennen Sie die Gelegenheiten, wenn die Menschen mit der Literatur zusammenkommen. _____

_____

3. Was ist die Funktion einer Poetik? _____

_____

CHAPTER XII: AUS DER LITERARISCHEN TRADITION, D TEXT

C. *A Story. Comprehension Exercise.*

You will hear a short story. Some of the vocabulary will be unknown to you, but you can guess it from the context. Concentrate on the story line, which is simply structured in the mode of a fairytale. You may wish to take a few notes to be able to recall what you have heard.

Sie hören eine Kurzgeschichte von Heinrich Spoerl (1887–1955). Sie brauchen nicht jedes Wort zu kennen, um den Zusammenhang der Handlung zu verstehen. Konzentrieren Sie sich darauf, was die verschiedenen Episoden dieses Lebens sind. Zuerst hören Sie die Geschichte ganz, dann in zwei Teilen. Nach jedem Teil sollen Sie Fragen beantworten. Hören Sie gut zu.

Warte nur, balde

Nun hören Sie den ersten Teil zum zweiten Mal.

Quiz für C-1.

Sie hören nun fünf Satzanfänge und jeweils drei Möglichkeiten, wie der Satz zu Ende gehen kann. Kreuzen Sie alle richtigen Möglichkeiten an.

1. Der junge Mann	a.	b.	c.
2. Während er wartete	a.	b.	c.
3. Das graue Männlein	a.	b.	c.
4. Der Zauberknopf	a.	b.	c.
5. Der junge Bauer	a.	b.	c.

Nun hören Sie den zweiten Teil zum zweiten Mal.

Quiz für C-2.

Nun hören Sie wieder fünf Satzanfänge und jeweils drei Möglichkeiten, wie der Satz zu Ende gehen kann. Kreuzen Sie alle richtigen Möglichkeiten an.

1. Als er an dem Knopf dreht,   a.   b.   c.
2. Weil die Zeit so schnell vergeht   a.   b.   c.
3. Zuletzt   a.   b.   c.
4. Jetzt dachte er   a.   b.   c.
5. Am Ende der Geschichte   a.   b.   c.

D. *Dictation. Comprehension Exercise.*

You will hear one stanza of a poem by the eighteenth-century German poet Friedrich Schiller. This poem was the inspiration for the choral movement in Beethoven's Ninth Symphony and has been widely translated. Begin writing immediately.

Sie hören die erste Strophe von Schillers Gedicht „An die Freude" im normalen Tempo. Dann hören Sie sie zum zweiten Mal, als Diktat. Schreiben Sie mit. Danach korrigieren Sie, was Sie geschrieben haben. Hören Sie gut zu.

An die Freude.

_____

_____

_____

_____

_____

_____

_____

_____

_____

_____

_____

_____

Now stop the tape.

Quiz für D.

Beantworten Sie die Fragen auf englisch.

1. Welche Namen findet der Dichter für seinen Gegenstand, die Freude?

    _____

2. Welche Fähigkeiten hat die Freude?

    _____

3. Welches Gefühl inspiriert sie im Dichter?

    _____

4. Welchen Glauben inspiriert sie in den Menschen?

    _____

E. *Reading and Intonation Exercise.*

Now look at your writing and read the stanza out loud. You have 40 seconds of reading time. A signal will mark the halfway point. Then listen to the speaker again and read along with him.

ANSWER KEY
TO THE LABORATORY MANUAL

CHAPTER I: REISEN, A and B Texts

Quiz für A

You are entering an office: 3, 6, 8, 12, 14
You are leaving a friend: 2, 11, 15, 17
You are meeting a friend: 1, 10, 13, 16
You are leaving an office: 4, 5, 7, 9

Quiz für B

1. F   2. F   3. F   4. F   5. R   6. R

Quiz für C

1. c   2. c   3. b   4. a   5. a   6. b

D. *Dictation*

In der Schweiz reisen

Die Schweiz als Reiseland ist genau so berühmt wie Österreich. Besucher beschreiben die Schönheit der Natur zu allen Jahreszeiten, zum Beispiel das Berner Oberland mit seinen großen Seen, die in einem interessanten Wandergebiet liegen. Zu Fuß und zu Schiff können Sie Exkursionen machen, auch Berg- und Gletscherwanderungen.

C and D Texts

Quiz für E

1. Sie sehen müde aus.   2. fünf.   3. Sie wollen dafür arbeiten / Sie brauchen Arbeit.   4. Nein. Das Dorf hat Arbeitslose.   5. Er hilft mit dem Gepäck. Er sagt, das Zimmer ist billig.

Quiz für F

1. R   2. F   3. R   4. R   5. F   6. F

G. *Dictation*

Liebe Charlotte, seit einer Woche bin ich hier in Kiel Serviererin in einem Hotel. Nähe Hafen. Wenn Du hier vorbeikommst, sieh doch zu mir herein. Sonst geht es mir glänzend. Deine Maria.

Quiz für G

1. R   2. F   3. F   4. F

CHAPTER II: FREIZEIT, A and B Texts

Quiz für A

1.   Was macht ihr am Feierabend?   2.   Ich treibe Sport wir treiben Sport.   3.   Ich laufe / wir laufen Ski. Ich gehe / wir gehen schwimmen.   4.   Viel Vergnügen! Viel Spaß!

Quiz für B

1. c   2. b   3. c   4. a   5. b

Dictation

Die Freizeitgesellschaft

Wenn die Arbeitszeit kürzer wird, wenn das Einkommen wächst, und wenn die Leute einen längeren Urlaub haben, dann werden die Ausgaben für die Freizeit größer. Die Bundesbürger brauchen viel Geld für Reisen und Erholung, Sport und Spiel, für Unterhaltung und Hobbys. Ein Haushalt von vier Personen gibt heute dafür doppelt so viel aus wie vor zehn Jahren.

Quiz für D

1. F   2. R   3. F   4. F   5. R   6. R   7. R   8. R
9. F   10. F   11. R   12. F

C and D Texts

Quiz für E

1. b   2. b   3. c   4. b

Dictation

Der Milchmann

Ich kannte einmal einen Milchmann, der hieß Otto. Er war sehr nett zu uns Kindern; wir durften auf seinem Dreirad sitzen. Einundzwanzig Jahre lang brachte er uns die Milch ins Haus, jeden Tag, auch sonntags. In seinen jungen Jahren war er Turner, später Hauptmann bei der Feuerwehr. Er betrank sich nie, er klagte nie; er war ein tapferer Mann. Aber er kam ins Irrenhaus, obwohl er sich nicht für Napoleon oder Einstein hielt; im Gegenteil. An einem Abend im Frühling wurde er einfach verrückt. Anstatt den schönen Abend zu genießen, warf er seine Blumentöpfe hinunter in den Garten. Da holten sie ihn natürlich.

Quiz für F

1. F   2. R   3. F   4. F   5. R   6. F   7. F   8. R
9. F 10. F

Quiz für G

1. Ein Mensch, der immer Pech hat.   2. Wenn das Geld seinen Wert verliert.   3. Etwas Gutes, was passiert, und was man nicht erklären kann.   4. Das Ticket mit der Nummer, die in der Lotterie gewinnt.

CHAPTER III: BERUF UND ARBEIT, A and B Texts

Quiz für A

1. Was möchten Sie werden?   2. Für welchen Beruf interessieren Sie sich? In welchem Beruf möchten Sie arbeiten? 3. Wo möchten Sie arbeiten?

Quiz für B–1

1. F   2. F   3. F   4. F   5. F   6. R

Quiz für B–2

1. R   2. R   3. F   4. F   5. F   6. R   7. R

Dictation

Stellenangebot

Ein international bekannter Kosmetik-Konzern sucht ab sofort oder später für den Verkauf seiner Produkte eine engagierte, intelligente Verkaufsassistentin in der Parfümerie-Abteilung eines großen Kaufhauses in München. Ihre Arbeitszeit: 5-Tage-Woche oder 3 Tage Job-Sharing. Sie bekommen eine vollständige Ausbildung, hohen Stundenlohn und gute Sozialleistungen. Daneben erhalten Sie für Ihr Engagement einen Erfolgsbonus. Wenn Sie sich für diese Anstellung interessieren, senden Sie bitte Ihre Papiere an Frau B. Paul, Schillerstraße 17, 8027 Neuried, Telefon (089) 75 85 22.

Quiz für D

1. c   2. b   3. a   4. c   5. a   6. c

C and D Texts

Quiz für E

1. Herr / Frau Müller möchte Sie sprechen.   2. Ich lasse bitten.   3. Darf ich mich vorstellen?   4. Sehr angenehm.   5. Bitte, nehmen Sie Platz.   6. Davon kann keine Rede sein.   7. Er ist fort.

F. *Dictation*

Zuerst expressionisticher Lyriker, ist der Autor heute für seine symbolische oder satirische Prosa bekannt. Sein Hauptthema ist der Mensch gegen die Mächte der Zeit: Totalitarismus, Krieg, die großen anonymen Organisationen, die Bürokratie.

Quiz für G

1. 1921 in Hamburg   2. 1947 in der Schweiz (zwei Jahre nach dem Krieg, in der Schweiz).   3. an der Ostfront   4. Lyrik, Kurzgeschichten, ein Drama   5. in den Nachkriegsjahren   6. Soldaten, Menschen während des Krieges, das zerstörte Deutschland nach 1945

CHAPTER IV: FAMILIE, A and B Texts

Quiz für A

1. ledig   2. ein Haushalt   3. verheiratet   4. verwitwet   5. geschieden
6. die Eltern und die Kinder; der Vater, die Mutter, die Söhne und die Töchter

Quiz für B

1. die Eltern, die Geschwister, die Brüder, die Schwestern, die Großmutter, die Großtante, der Onkel, die Tante, die Vettern, die Kusine
2. die Eltern, die Geschwister, die Großmutter, die Großtante
3. Sie ist ein Einzelkind.
4. Sie finden eine Großfamilie prima.

C. *Dictation*

Sind Kinder unerwünscht?

Es gibt viele Gründe für den Trend in Westdeutschland und Österreich, weniger oder gar keine Kinder zu haben. Kinderlose Familien haben einen höheren Lebensstandard. Viele Ehepaare haben Angst vor Krieg, vor der Atombombe, vor der Umweltverschmutzung. Andere junge Leute verzichten auf ein eigenes Kind und versuchen stattdessen, Kinder aus der Dritten Welt zu adoptieren.

Quiz für C

1. Den Trend, weniger oder gar keine Kinder zu haben.
2. Kinderlose Ehepaare; sie geben kein Geld für Kinder aus.
3. Krieg, Atombombe, Umweltverschmutzung
4. Kinderlose Ehepaare wollen Kinder aus der Dritten Welt adoptieren.

Quiz für D

1. F   2. R   3. R   4. F   5. R   6. R   7. R

C Text

Quiz für E

1. Das tut mir aber Leid. Sie Ärmste(r)! Du Ärmste(r)! Wie schrecklich! So ein Pech! Ach, wie Schade! Das ist wirklich schlimm.
2. Das nehme ich mir sehr zu Herzen. Wie traurig. Das ist ja zum Weinen. Es ist ja alles so trist.
3. Wie kommen Sie dazu! Das gibt's doch nicht. Was fällt Ihnen ein! Da bin ich aber sauer! Sowas macht mich verrückt!

Quiz für F

1. c   2. b   3. c   4. c   5. b

G. *Dictation*

Ach, was muß man oft von bösen
Kindern hören oder lesen!
Wie zum Beispiel hier von diesen,
Welche Max und Moritz hießen.
Die, anstatt durch weise Lehren
Sich zum Guten zu bekehren,
Oftmals noch darüber lachten
Und sich heimlich lustig machten.

. . .

Aber wehe, wehe, wehe,
Wenn ich auf das Ende sehe!
Ach, das war ein schlimmes Ding,
Wie es Max und Moritz ging.
-Drum ist hier, was sie getrieben,
Abgemalt und aufgeschrieben.

Quiz für G

1. Max und Moritz
2. als böse Kinder
3. Sie haben sich lustig gemacht.
4. Es war ein schlimmes Ding.

CHAPTER V: MITMENSCHEN, A, B, and C Texts

Quiz für A-1

1. Fröhliche Ostern! Vielen Dank.
2. Herzlichen Glückwunsch! Danke schön.
3. Ein gesundes Neues Jahr! Danke gleichfalls.
4. Ein fröhliches Fest! Ihnen auch.

Quiz für A–2

1. What would you like [as a present]?
2. What would you like for your birthday?
3. You always wanted . . .
4. I'd like to please you.
5. I'm very happy with the gift.
6. You've taken so much trouble.

Dictation

Was denken Sie über das Schenken?

Eine Journalistin: Ich glaube nicht, daß die meisten Menschen aus Egoismus schenken. Die meisten wollen anderen eine Freude machen.

Ein Bundestagsmitglied: Schenken darf nicht zum Tauschhandel werden. Man darf kein Gegengeschenk erwarten.

Eine Autorin: Schenken ist eine hübsche Sitte. So viele Mühe macht man sich nicht aus Eigennutz.

Ein Kardinal: Im Jakobusbrief heißt es: „Jede gute Gabe kommt von oben." Aber man muß sich in einem Geschenk auch selbst schenken.

Quiz für B

1. c, f, g, i   2. a   3. b, d

Quiz für C

1. b   2. b   3. b, d   4. c   5. c

Quiz für D

1. eine Stadt oder ein Land
2. Für alle Menschen, die Hilfe brauchen. (Sie sorgen für die Armen, für alte Leute, die allein sind, für Kranke in ihren Wohnungen).
3. Für andere da sein.
4. Die Arbeitsbedingungen sind schwer.

D Text

Quiz für E

1. Steig ein! Steigen Sie ein!   2. Steig aus! Steigen Sie aus!   3. Gib Gas! (Geben Sie Gas!) Fahr (Fahren Sie) nicht so schnell! Bremse! (Bremsen Sie)! Rase nicht so! Rasen Sie nicht so!   5. Oh, mein Gott! Wie schrecklich! Das ist ja furchtbar! Um Himmelswillen! Wie kann denn das passieren?   6. Es gab einen Unfall. Wir haben ein Unglück gesehen.   7. Der Wagen muß zur Reparatur. Der Wagen muß in die Werkstatt.   8. Der Wagen ist totalbeschädigt. Der Wagen ist futsch.

1. auf der Autobahn München-Salzburg   2. Am Sonntag, dem 20. November   3. Ein Mercedes-Diesel fuhr gegen eine Mauer.   4. Ludwig Fugger.   5. Er ist tot.   6. Sie starb auf der Fahrt ins Krankenhaus.   7. Der Wagen fuhr mit ungewöhnlicher Geschwindigkeit. Der Wagen fuhr zu schnell.   8. Nicmand. Es gab keine Zeugen.

Quiz für G

1. R   2. F   3. R   4. F   5. R   6. R   7. F   8. R

CHAPTER VI: HUMOR UND WITZ, A and B Texts

Quiz für A

1. Also, hört doch mal zu! Stellt euch mal vor, da . . . Da muß ich euch mal was erzählen . . .
2. ja, und dann . . . bald danach . . . nach einiger Zeit . . . und eines Tages . . .   3. Na sowas! Kaum zu glauben! Ist sowas denn möglich? Tatsächlich?   4. So ein Quatsch! Ganz doof! Na, geht schon! Mensch, sowas Langweiliges!

Dictation

Wann?

Moses Mendelssohn saß bei einem eleganten Essen neben einem Bischof. Da Mendelssohn ein frommer Jude war, aß er nur, was aus einem jüdischen Speisehaus für ihn geholt wurde. „Mendelssohn," sagte der Bischof zu ihm, „wann wird die Zeit kommen, daß Sie die gleichen Speisen essen wie wir?" Mendelssohn lachte und antwortete: „Wenn Sie heiraten."

Quiz für B

1. F   2. F   3. R   4. F   5. R   6. F   7. F

Quiz für C–1

1. R   2. R   3. R   4. F   5. F   6. F   7. F

Quiz für C–2

1. F   2. F   3. F   4. R   5. F   6. F   7. F   8. R

Quiz für C–3

Einmal in Köln bestellte ein Kaufmann drei gekochte Eier zum Frühstück. Aber bevor er sie essen konnte, mußte er das Gasthaus verlassen. Nach zwei Jahren kam der Kaufmann nach Köln zurück. Bei der Gelegenheit ging er zum Gasthaus, um für die Eier zu bezahlen. Und dann verlangte der Wirt den Preis für 30 000 Eier. Als der Kaufmann das hörte, wollte er zuerst die Stadt verlassen. Aber dann erinnerte er sich, daß er in Köln einen Freund hatte. Das war gut, denn der Freund konnte mit ihm zum Richter gehen. Aber am nächsten Morgen mußten alle auf den Freund warten. Als der Freund endlich kam, war der Richter schon ärgerlich. „Warum kommen Sie so spät?" „Entschuldigung, ich mußte im Garten gekochte Bohnen pflanzen." „Was? Aus gekochten Bohnen wächst doch nichts." Aber der Richter verstand das Beispiel und entschied gegen den Wirt.

Quiz für D

1. Du Lausbub / einen Lausbub   2. Er hat eine Stunde gewartet.   3. Der Professor hat die Schüler länger in der Schule behalten. Nicht ganz.   4. Ich krieg dich schon noch! Dir komm' ich noch.

Quiz für E–1

1. Ein Atheist   2. a) Er ist im Unrecht, weil es einen Gott gibt. b) Er weint, weil es keinen Gott gibt.   3. Daß ein Atheist über Gott weint.

Quiz für E–2

1. den Bauern, den Gutsherrn, den Offizier, den Juden   2. der Bauer dreimal, der Gutsherr zweimal, der Offizier einmal, der Jude gar nicht   3. der Jude—er weißt einen besseren Witz.

CHAPTER VII: PARTNERSCHAFT, A and B Texts

Quiz für A

1. Die (den) kann ich nicht leiden. Die (den) kann ich nicht ausstehen.   2. Die (den) schätze ich nicht. Die (der) macht keinen guten Eindruck.   3. Die (den) finde ich prima. Die (der) imponiert mir (sehr). Die (der) ist in Ordnung.   4. Die (den) mag ich. Die (der) gefällt mir. Die (den) habe ich gern.

B. *Dictation*

a. Moderne, sportliche, zuverlässige SIE gesucht (25–43 Jahre), die mit mir (weiblich) und meiner Tochter im Juni im komfortablen Auto in Urlaub fährt.

b. Schicker Ingenieur sucht nette Partnerin (bis 1,74 m und 27 Jahre), ehrlich und mit Verstand und Herz für gemeinsame Tanzabende.

c. Falls Sie die besondere, unkonventionelle Frau noch nicht gefunden haben—die bin ich. 30, wirklich gutaussehend, sehr sportlich, humorvoll.

d. Ich, 32 J., 1,78, beruflich erfolgreich, unternehmungslustig (Ski, Tennis, Reisen, Theater), suche hübsche, nette, sportliche Partnerin (23–32 J.) für eine gemeinsame Zukunft.

Quiz für B

1. a   2. b, d   3. c, d   4. a, b Reisepartnerin, Tanzpartnerin

Quiz für C

1. a   2. c   3. c   4. a, b   5. c   6. c

C Text

Quiz für D

1. Ich mag Kaffee.
2. Ich esse gern.
3. Ich habe dieses Kind lieb.
4. Ich bin in ihn verliebt.
5. Ich habe meine Eltern lieb.
6. Ich schwärme für sie.
7. Ich liebe diesen Mann.
8. Ich liebe diese Frau.
9. München gefällt mir.

Quiz für E

1. Ich heirate. Ich werde heiraten.
2. Ich will meinen Sohn verheiraten.
3. Ich bin verheiratet.
4. Ich habe eine nette Frau geheiratet.
5. Ich habe gestern geheiratet.
6. Ich will sie an einen netten Mann verheiraten.
7. Seit August bin ich mit einem netten Mann verheiratet.

Quiz für F

1. F   2. F   3. R   4. F   5. R   6. F   7. F   8. R
9. F   10. R   11. F   12. F

CHAPTER VIII: KRIEG UND FRIEDEN, A and B Texts

Quiz für A–1

a. 16   b. 13   c. 9   d. 5   e. 2

Quiz für A–2

1. Wir haben gesiegt.
2. Viele Länder wurden überfallen (angegriffen).
3. Wir warten auf den Frieden.
4. Der Feind kapitulierte.
5. Wir haben den Feind vernichtet.

B. *Dictation*

Als die dutschen Truppen im März 1938 Österreich besetzten, verloren die Österreicher ihre Selbständigkeit, und Deutschland ergriff die Macht im Land. Weder die Großmächte noch der Völkerbund unternahmen etwas für Österreich. Mehr als zwei Jahre nach Beginn des Krieges, nach Hitlers Angriff auf die Sowjetunion im Juni 1941, und nach seiner Kriegserklärung an die Vereinigten Staaten im Dezember 1941, änderte sich die Haltung der Alliierten, und sie machten Österreichs Unabhängigkeit zu einem ihrer Kriegsziele.

Quiz für B

1. Sie verloren ihre Selbstständigkeit.
2. die Vereinigten Staaten, die Sowjetunion.
3. der Sieg über Deutschland, die Unabhängigkeit Österreichs.

Quiz für C

1. It is an agreement between countries, promising not to attack each other.   2. 1939; the pact was important for Hitler because it allowed him to start the war against Poland.   3. Truth is unnecessary; the winner will not be questioned.   4. A city on the Baltic where a large German minority lived. It was the object of the dispute between Poland and Germany that started World War II.   5. It would provide *Lebensraum* in the East and be a source of food for the German people.

C Text

Quiz für D

1. a   2. c   3. c   4. c

1. F   2. F   3. F   4. R   5. R   6. R

Quiz für E–2

1. R   2. R   3. R   4. R   5. F   6. R   7. R   8. F

CHAPTER IX: STADT UND LAND, A and B Texts

Quiz für A

1. Ich wohne auf dem Land.
2. Ich ziehe in die Stadt.
3. Ich komme vom Rhein.
4. Ich wohne auf dem dritten Stock.
5. Ich ziehe aufs Dorf.
6. Ich komme aus Frankfurt.
7. Ich wohne in (auf) der Hauptstraße.
8. Ich ziehe aufs Land.
9. Ich komme aus einem Dorf.
10. Ich ziehe ins Zentrum.

Quiz für B

1. c   2. b   3. a   4. b   5. a   6. c   7. b   8. c
9. b   10. a

Dictation

An die Redaktion

Wir sind mit großen Erwartugen in Ihre Stadt gezogen, denn wir fanden die Geborgenheit einer Kleinstadt attraktiv. Inzwischen fühlen wir uns als Opfer unserer Nachbarn. Von morgens bis spät abends müssen wir deren Stereomusik anhören; ihre Kinder fahren Rad auf unserer neugemähten Wiese; auf der Treppe stinkt es nach Hühnersuppe, und wenn man sich taktvoll beklagen möchte, dann werden diese Leute rabiat und schimpfen lautstark. Ich schreibe an die Redaktion, damit Ihre Leser erfahren, wie die freundliche Kleinstadt wirklich aussieht; aber vor allem: damit Sie etwas unternehmen, damit die Situation besser wird. Sonst, bitte ohne uns—wir ziehen aus!

Quiz für D

1. Das Problem ist, daß . . . Die Schwierigkeit ist, daß . . . man muß bezweifeln, daß . . . es spricht dagegen, daß   2. im Vergleich mit, im Gegensatz zu   3. einerseits . . . andererseits . . . auf der einen Seite . . . auf der anderen Seite . . . zum einen . . . zum anderen . . . zwar . . . aber . . .

Quiz für E

1. They come from the areas east of the Oder and Neiße rivers since the end of the war.
2. An ethnic German expelled from his former home in a non-German area after WW II.
3. They lost all their possessions.   4. Many of them worked in agriculture and forestry. There are few possibilities for employment in these fields in West Germany.   5. Because they lost their farms and are not trained for other occupations.   6. The refugees and expellees find themselves in a lower social stratum.

F. *Dictation*

Das Besondere an dieser faszinierenden europäischen Hauptstadt, und was ihr die charakteristische Atmosphäre gibt, ist das Zusammenspiel der architektonischen und kulturellen Zeugnisse aus mehreren Jahrhunderten. Wien besichtigen ist wie in ein Kaleidoskop schauen, in dem die Zeitalter und die verschiedenen Stile sich zu überraschenden, bunten und immer neuen Mustern zusammensetzen, Denkmäler einer langen, ehrwürdigen und turbulenten Geschichte. Das Schicksal dieser Stadt war auch geographisch bedingt; am Fuße der Alpen liegend und an einem großen Fluß, wurde sie zum Durchgangslager, zum politischen und wirtschaftlichen Zentrum eines weitläufigen Kaiserreiches.

Quiz für F

1. Die Architektur und die Kultur spielen zusammen.
2. Viele verschiedene Stile setzen sich zu bunten und immer neuen Mustern zusammen.
3. Es liegt am Fuße der Alpen und an einem großen Fluß (der Donau).
4. Die Stadt wurde Durchgangslager und politisches Zentrum eines großen Kaiserreiches.

CHAPTER X: GETEILTES DEUTSCHLAND, A, B, und C Texts

Quiz für A

1. die Sowjetunion, die Russen   2. die Niederländer, die Holländer   3. die Schweiz, die Schweizer   4. die Inder   5. Polen, die Polen   6. Frankreich, die Franzosen

B. *Dictation*

In den Verhandlungen der Alliierten in Yalta 1945, als die Grenzen der Besatzungszonen in Deutschland bestimmt wurden, bekam Berlin von Anfang an eine Sonderstellung als Vier-Sektoren-Stadt, die von einer alliierten Kommandantur gemeinsam regiert werden sollte. Als die Westmächte Ende Juni 1948 die Währungsreform auf die Westsektoren der Stadt erstreckten, sperrten die Russen alle Zufahrtswege nach Berlin zu Wasser und zu Lande. Dank der alliierten Luftbrücke konnten die Berliner die Blockade aushalten, die dann nach fast einem Jahr von den Sowjets aufgehoben wurde.

Quiz für B

1. a. It would be a four-sector city.   b. It would be ruled jointly by the Allied Kommendatura.   2. United States, United Kingdom, France   3. They blocked all supply routes into Berlin.   4. because of the Allied airlift

Quiz für C

1. a   2. c   3. a   4. c   5. c   6. c   7. c

D and E Texts

D. *Dictation*

Kapitel 1, Artikel 2
1. Alle politische Macht in der Deutschen Demokratischen Republik wird von den Werktätigen ausgeübt. Der Mensch steht im Mittelpunkt aller Bemühungen der sozialistischen Gesellschaft und ihres Staates. Das gesellschaftliche System des Sozialismus wird ständig vervollkommnet.
3. Die Ausbeutung des Menschen durch den Menschen ist für immer beseitigt. Was des Volkes Hände schaffen, ist des Volkes eigen. Das sozialistische Prinzip „Jeder nach seinen Fähigkeiten, jedem nach seiner Leistung" wird verwirklicht.

Quiz für D

1. The social system is being perfected constantly (the third sentence).   2. Everyone according to his abilities, to everyone according to his achievements.   3. The exploitation of man by man is eliminated.

Quiz für E

1. Er kritisiert die schmutzigen Pullover und die dunklen Farben.
2. Sie ist blond.
3. Nein, der Lehrer will optimistische Farben.
4. Sie sind unordentlich. Die Mittelscheitel ist nicht gerade.
5. Weil der Lehrer auch wie ein Soldatenkönig spricht, sogar nach 230 Jahren.
6. Weil der Lehrer die Schülerin wie ein Kind behandelt.

CHAPTER XI: AUS DER LITERARISCHEN TRADITION, A and B Texts

Quiz für A–1

1. c   2. c   3. c   4. c

Quiz für A–2

1. a, c   2. a   3. a   4. a

B. Dictation

Mittelalterliches Spektakel

Ein Schmied hämmert auf einer Eisenstange. Ein Feuerschlucker zeigt seine heiße Kunst. Ein Erzähler berichtet die neuesten Sensationen vom Königshof. Der 12 jährige Christian kann's fast nicht glauben: „Das sieht ja alles aus wie im Mittelalter. Haben die hier eine Zeitmaschine?" Nein, eine Zeitmaschine nicht, aber Phantasie und Geschichtsbewußtsein. Darum spielen sie jedes Jahr im Juni zwei Tage lang, wie ihre Voreltern gelebt haben. Mit allem, was dazugehört, und so echt wie möglich.

Quiz für B und C–1

1. F   2. R   3. F   4. R   5. F   6. F   7. F   8. F   9. F

Quiz für C–2

1. R   2. F   3. R   4. R   5. F   6. R   7. R

C, D, and E Texts

Quiz für D–1

1. Because it promised it would not kill him.
2. It tries to bite the peasant.
3. It is hungry: ''Necessity knows no law.''
4. He wants to consult a scholar about what is right.
5. A raven. It sides with the snake.

Quiz für D–2

1. The bear and the wolf side with the snake: ''Whoever is hungry must eat,'' and ''Necessity is stronger than iron.''   2. The king calls the fox, who wants to inspect the site of the event.
3. He has the snake tied up again in order to repeat what happened.   4. The snake is ensnared again. Yes, from the human point of view.   5. Necessity (want) knows no law. Necessity (want) is stronger than iron.

Quiz für E

1. a   2. a   3. a   4. b   5. a   6. b

CHAPTER XII: AUS DER LITERARISCHEN TRADITION, A, B, and C Texts

Quiz für A–1

1. R   2. F   3. R   4. R   5. F   6. R

Quiz für A–2

1. F   2. R   3. R   4. F   5. F   6. F

B *Dictation.*

Zu den großen Erlebnissen, die den Menschen beschieden sind, gehört die Dichtkunst. Es gibt kaum jemand, der nicht irgendwie mit Werken der Literatur zusammenkommt: in der Schule, zur Entspannung am Abend, als Mittel gegen die Langeweile auf der Fahrt ins Geschäft, aber auch in Augenblicken höchster Bereitschaft für hohe Dichtung. Der Leser aber hat oft nur sehr allgemeine und oberflächliche Kenntnisse der Literatur. Er braucht eine systematische Einführung in das Wesen und die Erscheinungsformen der Dichtung. So ein Werk wird Poetik gennant.

1. as one of the great experiences given to human beings   2.   in school, reading at night for relaxation, against boredom during trips, in moments of greatest openness for literature   3.   It provides a systematic introduction to the essence and forms of literature.

D Text

Quiz für C–1

1. a, c   2. b, c   3. b, c   4. b   5. a, c

Quiz für C–2

1. b, c   2. b, c   3. b   4. a, c   5. c

D. *Dictation*

> Freude, schöner Götterfunken,
> Tochter aus Elysium,
> Wir betreten feuertrunken
> Himmlische, dein Heiligtum.
> Deine Zauber binden wieder,
> Was die Mode streng geteilt,
> Alle Menschen werden Brüder,
> Wo dein sanfter Flügel weilt.
> Seid umschlungen, Millionen!
> Diesen Kuß der ganzen Welt!
> Brüder—überm Sternenzelt
> Muß ein lieber Vater wohnen.

Quiz für D

1. beautiful spark from the Gods, daughter of the Elysium (bliss)
2. Its magic (or charm) reconnects what life separated.
3. a sense of brotherhood with all human beings
4. There must be a loving father above the stars.